国务院发展研究中心研究丛书 2014

丛书主编▪李 伟

中国多尺度区域碳减排

格局、机理及路径

Pattern, Mechanism and Path of

Carbon

Emission Reduction in Different Scales of Regional Analysis of China

武 红 著

中国发展出版社
CHINA DEVELOPMENT PRESS

图书在版编目（CIP）数据

中国多尺度区域碳减排：格局、机理及路径/武红著．北京：中国发展出版社，2014.8

（国务院发展研究中心研究丛书/李伟主编．2014）

ISBN 978-7-5177-0191-0

Ⅰ.①中… Ⅱ.①武… Ⅲ.①二氧化碳—减量化—排气—研究—中国 Ⅳ.①X511

中国版本图书馆 CIP 数据核字（2014）第 144993 号

书　　　名：中国多尺度区域碳减排：格局、机理及路径
著作责任者：武　红
出 版 发 行：中国发展出版社
（北京市西城区百万庄大街 16 号 8 层　100037）
标 准 书 号：ISBN 978-7-5177-0191-0
经　销　者：各地新华书店
印　刷　者：北京科信印刷有限公司
开　　　本：700mm × 1000mm　1/16
印　　　张：15
字　　　数：160 千字
版　　　次：2014 年 8 月第 1 版
印　　　次：2014 年 8 月第 1 次印刷
定　　　价：38.00 元

联 系 电 话：（010）68990630　68990692
购 书 热 线：（010）68990682　68990686
网 络 订 购：http://zgfzcbs.tmall.com//
网 购 电 话：（010）88333349　68990639
本 社 网 址：http://www.develpress.com.cn
电 子 邮 件：bianjibu16@vip.sohu.com

DRC

2014
国务院发展研究中心研究丛书
编 委 会

总　序

积极发挥智库作用　全力为改革服好务

国务院发展研究中心主任、研究员　李伟

去年11月召开的党的十八届三中全会，掀开了中国改革开放新的篇章，标志着中国进入全面深化改革的历史新阶段，对于全面建成小康社会、实现中华民族伟大复兴的中国梦具有重大而深远的指导意义。

改革的成功，需要正确的方向和可行的方法。过去三十多年的实践表明，中国特色的改革道路，以“三个有利于”为标准，既坚持了正确的方向，又找到了可行的方法。进入新时期的改革，涉及面更为广泛，调整利益格局更加艰难。我们必须以全球视野、战略思维，深化改革理论研究，密切结合世情国情，积极关注社情民意，科学认识全球结构调整和体制变革的方向、趋势，正确认识和把握民众诉求，遵循经济社会发展的规律，提升驾驭改革的综合能力，确保三中全会提出的各项改革任务圆满完成。为此，需要特别处理好理论指导与实践探索、加强党的统一领导与发挥各方创造性、积极果敢与稳妥推进、效率与公平、经济体制改革与社会体制改革等方面关系。

经济体制改革是全面深化改革的重点，其核心是处理好使市场在资源配置中起决定性作用和更好发挥政府作用的关系，而使市场发挥决定性作用是当前改革的主要矛盾方面。当前，我国经济正处在向中高速增长阶段转换的关键期。增长阶段转换表面上看是速度的换挡与调整，但在本质上是增长动力的转换与接续。我国经济能否在一个新的增长平台上良好运行，规模与质量、速度与效益的关系达到一种新的平衡，关键在于切实转变发展方式和着力培育经济增长新动力。

今年以来，我国在经济下行压力加大、局部风险开始显露的同时，结构调整取得积极进展，表现为服务业发展势头良好，消费对经济增长的贡献提高，就业状况不断改善等。这些积极变化也反映了我国经济正在向新常态平稳过渡。在此情况下，我们要充分地认识到改革举措有供给侧和需求侧之分，有见效慢和见效快之别。在抓好相对慢变量重大改革的同时，适当加大需求侧的改革措施，进一步发挥扩需求、稳增长的作用，与促进需求政策形成合力效应，通过换机制、调结构，着力培育增长新动力。

具体而言，近期，应以调整投资结构、稳定投资增速、化解金融风险为重点，积极推进相关重点领域改革和政策调整。如清理规范地方融资平台，推进地方政府合规融资；发挥政策性金融机构对住房和基础设施建设的支持作用；推动资产证券化，盘活存量；做好舆论引导、风险隔离、社会保障等配套工作，积极化解局部风险；与结构性减税政策相结合，积极推进加速折旧；治理产能过剩，推动产业结构调整等等。

中长期，则应把有利于稳增长、调结构、促转型的重大改革放在优先位置。推动以破除行政性垄断、促进竞争为重点的基础产业领域改革，提高非贸易部门的效率；围绕降低企业综合成本，推动土地、金融、流通、知识产权保护等领域改革，增强企业盈利能力，促进企业转型升级；加快服务业的对内、对外开放，破除各种隐性壁垒，形成平等进入、公平竞争的市场环境；适当提高中央政府债务占 GDP 的比重和当年财政赤字率，利用中央政府的负债潜力，加大社会公共服务设施建设，缓解地方政府和企业现实的债务压力。

十八届三中全会通过的《中共中央关于全面深化改革若干重大问题的决定》明确提出：加强中国特色新型智库建设，建立健全决策咨询制度。去年 4 月和今年 1 月，习近平总书记两次对智库建设和国务院发展研究中心的工作作出重要批示，明确指出智库是国家软实力的重要组成部分，要高度重视、积极探索中国特色新型智库的组织形式和管理方式；要求我们要紧紧围绕推进全面深化改革等重大任务，不断增强综合研判和战略谋划能力，提高决策咨询服务质量和水平。

国务院发展研究中心作为直接为党中央、国务院重大决策提供研究咨询服务的智库机构，在过去一年中，紧紧围绕中央的工作中心，牢牢把握为中央决策服务的根本方向，立足全局、突出重点、发挥优势、创新体制，以深入开展党的群众路线教育实践活动为契机，以全面推进“一流智库”建设为抓手，以提高政策咨询研究的质量和水平为重点，坚持中长期重大课题研究与当前经济社会发展热点难点问题研究相结合，完成了一批具有较高政策价值和较大社会影响力的研究成果，推动形成了一系列经济社会发展新政策新举措，为中央决策服务取得了新成绩。

“国务院发展研究中心研究丛书”迄今已是连续第五年出版。五年来，我们获得了各级领导同志和社会各界读者的热情关注与支持。特别是去年的丛书出版后，受到国务院领导同志的高度肯定。这是对我们继续做好工作的重要鼓励与鞭策。

今年的“国务院发展研究中心研究丛书”共 16 部著作。其中：《追赶接力：从数量扩张到质量提升》是国务院发展研究中心 2013 ~ 2014 年度的重大研究课题报告，深入分析了中国经济增长方式的转变路径与方法；《中国新型城镇化：道路、模式和政策》、《从城乡二元到城乡一体：我国城乡二元体制的突出矛盾与未来走向》等 10 部，是国务院发展研究中心各研究部（所）的重点课题研究报告；此外，还有《中国电子商务的发展趋势与政策创新》等 5 部优秀招标课题研究报告。

这套丛书是国务院发展研究中心过去一年研究成果的优秀代表，但其中可能还存在着种种不足。衷心期望社会各界提出宝贵意见和建议，帮助我们在建设中国特色新型智库、开创政策研究咨询工作新局面、努力为全面深化改革服好务的道路上不断前进，为实现中华民族伟大复兴的中国梦做出新的更大贡献。

2014 年 8 月 18 日

前言
Preface

减排是全世界人民的共同责任，从巴西到京都，从哥本哈根到华沙，气候谈判一直在各国的关注下缓慢推进，步履维艰。我国一直在努力推进减排工作，无论是从政策层面还是实践层面。

在政策层面，几个纲领性文件陆续部署了阶段性的减排任务。其中，“十二五”规划提出：到2015年，非化石能源占一次能源消费比重达到11.4%；单位国内生产总值能源消耗降低16%，单位国内生产总值二氧化碳排放降低17%。中共十八大提出：必须更加自觉地把全面协调可持续作为深入贯彻落实科学发展观的基本要求，全面落实经济建设、政治建设、文化建设、社会建设、生态文明建设五位一体总体布局，不断开拓生产发展、生活富裕、生态良好的文明发展道路。中共十八届三中全会提出：要全面推进社会主义经济建设、政治建设、文化建设、社会建设、生态文明建设；建设生态文明，必须建立系统完整的生态文明制度体系，用制度保护生态环境。在加快生态文明制度建设的具体内容中，提出发展环保市场，推行节能量、碳排放权、排污权、水权交易制度等。

在实践层面，作为青年科研工作者，我们时刻感受到资源与环境方面的研究重任在肩，《中国多尺度区域碳减排：格局、机理及路径》一书是本人在气候变化与低碳经济领域的初步探索和尝试，本书对中国化石能源消费碳排放进行了全方位多角度的研究，总体来说，具有以下几个方面的特色和创新。

1. 在分析框架上，本书采用了“三—三—三”系统分析框架

第一，本书从全国—区域—省域三个尺度对碳排放进行了系统研究，构建了中国化石能源消费碳排放时空格局的完整研究体系，兼顾了时间维度和空间维度的综合分析。时间维度主要关注长时间序列的历史研究，空间维度则着眼于三个尺度的并行研究。第二，每个尺度都包括三部分内容：格局、机理及路径研究。格局是对减排时空格局进行刻画，机理是对碳排放的演变机理进行分析，路径是提出减排战略和政策建议。第三，每个尺度时空格局的表征都选取了三项碳排放关键指标，包括碳排放总量、人均碳排放量和碳强度，这三项指标的综合运用较为全面地呈现出中国多尺度区域碳排放的基本特征和发展态势。因此，“三—三—三”分析框架的含义即三个尺度、三块内容、三项指标，它保持了研究体系的一致性，有助于进行多尺度区域之间的比对分析和政策解读。

2. 在理论创新上，本书提出了碳排放“四点定位”理论

减排政策是具有溢出特征的，我们希望政策制定不仅能够对本地产生积极影响，而且可以在相邻地区发挥溢出效应，协同推进区域环境共治。借用空间计量经济学的探索性空间分析方法，本书测算了我国各省的全局空间自相关指数和局部空间自相关指数，据此判断了各省所处的减排空间分布位置。依据空间自相关研究方法，

在国内首次提出碳排放“四点定位”理论，包括热点省份、冷点省份、凹点省份和凸点省份，基于不同省份的所属类型提出分类减排路径和政策建议。碳排放“四点定位”理论有助于识别不同类型省份的减排特征并推进差异化的政策布局。

3. 在研究视角上，本书探索了减排主体和客体的基本责任和互动关系

为了厘清减排主客体及他们之间的关系，本书通过主观和客观双向视角进行了减排利益相关者的识别及其行为研究。第一，首次提出碳减排的利益相关者应包括五类主体，他们分别是政府、企业、NGO、媒体及公众。第二，进一步考察了五类主体在推动碳减排行动中的态度，将各目标对象所对应的减排行为特征进行提炼。第三，构建了碳减排推进的概念模型——五主体互动响应模型，合理界定了各类主体应承担的基本减排责任。

4. 在研究方法上，本书的尝试可为初学者提供方法学意义上的指导

本书荟萃了上万数据和多学科模型方法，通过综合运用定性和定量研究方法，较为深刻地揭示了碳排放各类影响因子之间的复杂关系和作用规律。第一，数据展现。通过时空数据的叠加组合以地图形式进行立体描绘，其中时间数据涵盖了多年份的时点和时段数据，空间数据跨越了中国三大尺度区域。第二，模型方法。运用经济学和地理学等学科的经典模型进行研究，包括全国时间序列计量经济模型、全国及区域面板计量经济模型、空间计量经济模型、脱钩模型、LMDI 模型五类。第三，分区方案。根据多种指标、设定合理阈值，构建了两套具有可操作性的减排分区方案，包括省域碳

排放总量类型分区方案和省域碳强度类型分区方案。第四，问卷调查。通过李克特五级量表问卷调查，探寻碳减排多主体协同作用的本质，解释五类主体之间复杂的作用关系。第五，案例示范。以河北省为例，针对中国典型碳排放大省进行实证研究，可为京津冀环保一体化尤其是联防联控工作提供参考和借鉴。

5. 在研究机构上，本书特别强调了加强中国特色新型智库的政策解读作用

在发达国家，各类智库已成为政府决策的重要智囊和思想阵地，在我国，智库研究尚处于概念阶段。十八届三中全会《决定》提出，“加强中国特色新型智库建设、建立健全决策咨询制度”，表明建设中国特色新型智库已成为现代国家治理体系的重要组成部分，在推进国家治理体系和治理能力现代化进程中扮演着越来越重要的角色；表明中国特色新型智库建设列入了中国全面深化改革的议程，是全面深化改革的一个重大战略举措；表明中国特色新型智库建设进入了一个新阶段，进入了顶层设计的框架。本书特别强调了智库在节能减排政策制定中的重要作用，提出应充分鼓励政府智库、民间智库的广泛参与、协同互动，为推进碳减排提供更多的智力支持。

内容摘要

化石能源消费活动是碳排放的主要来源，化石能源消费引起的碳排放作为当前的热点研究领域，引发了全世界学者的广泛关注，对推动碳减排具有重要意义。本书运用经济学、地理学、管理学等多学科交叉方法，从时空耦合的角度对中国化石能源消费碳排放进行了全国、区域和省域三个尺度的研究，每个尺度都分别选取表征碳排放的三个重要指标（碳排放总量、人均碳排放量和碳强度）进行时空格局刻画和演变机理分析，并进行了问卷调查分析和典型案例研究。在此基础上，针对不同尺度的研究对象提出了具有可操作性的减排政策建议。本书主要开展了以下内容的研究。

专题报告一：对全国尺度的碳减排进行分析，选取碳排放总量及其重要影响因素之一——GDP，建立全国时序计量经济模型，分析二者之间的互动关系。

专题报告二：对区域尺度的碳减排进行探索，选取碳排放的主要影响指标，以中国四大地区为研究对象建立面板计量经济模型，包括全国尺度和东部、中部、西部、东北四大区域尺度的模型，对碳排放的影响因素进行解析并进行对比政策设计。

专题报告三：对省域尺度的碳减排进行剖析，依据碳排放三个重要指标对各省进行类型分区，建立空间计量经济模型，基于空间自相关方法分析了中国省域碳排放时空格局的演变机理，识别出碳减排的关键省份并给予政策设计。

问卷调查：通过李克特量表方法对中国化石能源消费碳排放的主体及其行为进行研究，识别了碳减排的五类利益相关者，包括政府、企业、NGO、媒体和公众，建立了五主体互动响应模型，分析了他们之间的相互作用。

案例研究：以河北省为例对中国碳排放大省进行实证研究，主要基于相似关系、脱钩关系和LMDI指数分解法分析了减排形势，提出了政策建议。

综合报告：提炼出本书的主要研究成果与结论，在此基础上进行政策精要及深度解读。

本书的创新和特色主要体现在如下方面。

(1) 构建了碳排放时空格局跨尺度研究的完整体系，针对不同尺度的研究区分别提出碳减排政策建议。

(2) 对中国化石能源消费碳排放的影响因素进行了主客观二维研究角度的创新。

(3) 利用空间自相关方法对省域碳排放的空间集聚格局进行了探索性分析，提出了碳排放“四点定位”理论，包括热点省份、冷点省份、凹点省份和凸点省份，提出四类减排路径。

(4) 基于多种指标设计了两套不同尺度的碳排放类型分区方案，包括一个基于碳排放总量的类型分区方案；一个碳强度类型分区方案。

目　录
Contents

第一章
研究背景

一、选题背景及研究意义

（一）选题背景

1. 国际社会对于碳减排的逐步推进促成了新的宏观研究背景

世界各国自1990年启动国际气候谈判以来，围绕温室气体减排义务分担等问题的谈判日趋激烈。气候谈判有几个重要的里程碑：1992年的《联合国气候变化公约》，1997年的《京都议定书》，2001年的《马拉喀什协定》，2007年的《巴厘行动计划》。2005年2月16日，《京都议定书》得以生效，根据《京都议定书》的规定，发达国家减少温室气体排放的期限在2012年结束，全球应对气候变化的进程将进入“后京都时代”，为了不中断这一进程，在接下来的4年里，包括各国具体减排指标的议定书必须生效。2009年12月7～19日，《联合国气候变化框架公约》第15次缔约方会议在丹麦首都哥本哈根召开，对这场会议虽然各方评价不一，仅达成了不具法律约束力的《哥本哈根协议》，但节能减排，走低碳经济之路却越来越成为各国的共识。中国则更大幅提高减排力度，宣布到 2020 年实现单位 GDP 二氧化碳排放比 2005 年下降 40%至 45%，这是中国首次在国际场合提出量化减排目标，既是对《联合国气候变化框架公约》及《京都议定书》等文件精神的自觉尊重，也是向国际社会做出的庄严承诺。据国内相关机构初步测算，为实现该目标，中国付出的经济成本将高达约 3000 亿～5000 亿元，而相应的社会成本投入更是难以估量。中国作为发展中国家，保持经济增长、消除贫困是其首要目标，加之已进入工业化和城市化快速发展阶段，能源需求强度高，在保持较高经济增长速度的同时实现上述减排目标无疑是一项严峻挑战，因此，我国的碳减排研究十分必要。

2. 国内资源环境的现实压力迫使我们重新思考经济发展方式

能源是人类生存、经济发展和社会进步的物质基础，能源消费与经济增长之间的关系可以表现为如下几个方面：①经济增长对能源存在依赖性，大量的能源投入促进了经济的快速增长。②经济增长对能源的大规模开发和利用有促进作用，也为发展能源提供了资金支持。③经济增长引发了产业结构调整、技术进步进而影响能源消费。④经济增长推动了能源效率提高，能源强度下降等。然而，快速的经济增长也不可避免地加剧了对能源消耗、环境保护的压力，造成负外部性问题，温室气体排放就是典型的负外部性问题之一。根据全球变化理论，目前的全球气候升温主要是由于人类的二氧化碳排放过多导致的，而能源消费活动产生的碳排放是温室气体的主要来源。长期以来，中国大部分地区普遍呈现粗放式增长的特点，主要表现为：经济增长由大量资本、能源、原材料以及劳动力投入推动，经济的高速发展依赖各类资源的过度消耗，同时产生了大量的温室气体排放。如果经济增长模式长期建立在高能耗高排放的基础上，最终会陷入恶性循环，可能会制约经济的进一步发展，因此，我们必须树立科学发展观，走“资源节约型、环境友好型”的路径。其中，对碳排放开展全面深入的研究是提升经济发展质量的科学手段，是建设和谐社会、实现可持续发展的必然要求。

3. 化石能源消费碳排放的研究具有重要意义且亟待完善

化石能源利用是造成环境变化的关键因素，大量的化石能源消费引起温室气体排放，使大气中温室气体浓度增加、温室效应增强，导致全球气候变暖。1860 年以来，全球平均气温提高了 0.4℃～0.8℃，IPCC 所做的气候变化预估报告得出的结论是：CO_2 为温室气体的主要部分，其中约 90% 以上的人为 CO_2 排放是化石能源消费活动产生的，因此，化石能源消费碳排放的研究对实施碳减排具有重要意义。

随着碳排放相关研究的日益增多，形成了多个热点研究领域，例如碳排放与经济增长的关系研究，碳排放预测研究，低碳经济发展路径研究，低碳政策研究等。其中，有些研究尚显不足，亟待完善，例如：在碳排放时空格局的研究方面，国内主要集中于碳排放发展态势的描述和分析上，即刻画研究期内全国或某一省份碳排放的演变轨迹，进一步探寻其成因和规律，而对一个国家不同尺度碳排放时空格局的系统研究较为少见；在碳排放影响因素研究方面，国内的论文数量已形成了一定的规模，但研究的视角比较局限，偏向于碳排放客观影响因素的分析，而对主观影响因素如政府建立何种管理制度、企业采取何种经营行为、公众选择何种消费方式等关注较少。因此，本书将研究重点放在这些方面，希望能够完整地构建碳排放时空格局的研究体系，从主客观二维视角发现碳排放影响因素的作用规律，以弥补目前国内研究的薄弱环节，拓展研究视野。

（二）研究意义

1. 理论意义

目前，国内外对化石能源消费碳排放相关研究较多，但研究体系相对零散，缺乏系统性和规范性。本研究力图从两个方面改进以往研究的不足。第一，建立碳排放时空格局的完整研究体系，将研究分为三个尺度：全国尺度、区域尺度和省域尺度，分别对其时空格局及格局的演变机理进行剖析；第二，对碳排放的研究视角进行全面创新，不仅考虑碳排放的客观影响因素，而且尝试从主观影响因素进行分析，对实施碳减排的利益相关者及他们的行为进行探索。基于以上两个方面的研究，针对不同研究对象提出相应的减排政策，希望能为我国的碳减排政策制定提供建议和参考。

2. 现实意义

能源短缺和高碳排放已成为中国经济可持续发展的制约因素。“七五”、“八五”、“九五”三个时期，我国能源消费弹性系数始终小于1。进入“十五”以后，能源消费速度开始加快，并且逐步超过同期国内生产总值的增长速度，平均能源消费增长速度和平均能源消费弹性分别达到 1 和 1.05，对资源环境带来巨大压力。“十一五”规划提出：到2010 年，在2005 年的基础上单位 GDP 能源消费降低 20%。“十一五”期间，国家采取节能减排和抑制高耗能产业过快增长等措施，能源消费增速有所放缓。“十二五”规划提出了今后五年经济社会发展的主要目标，其中在能源与环境方面的目标是：非化石能源占一次能源消费比重达到 11.4%，单位国内生产总值能源消耗降低 16%，单位国内生产总值二氧化碳排放降低 17%。由此可见，能源和环境对经济发展的约束越来越紧，保障能源供应的压力越来越大。

本书的研究恰处于“十二五”后期阶段，对化石能源消费碳排放开展全面系统的研究，包括对碳排放的时空格局、演变机理、影响因素、典型案例等进行分析并形成一套科学的研究方案。本研究有助于推进能源资源的节约及生态环境的保护，有助于保障国家、区域的能源安全，有助于实现“十二五”规划的节能减排目标和哥本哈根气候大会的减排承诺，有助于推进低碳经济与国际接轨的进程早日实现。

二、研究思路

（一）研究目标

本书的研究目标有以下三方面。

1. 刻画中国化石能源消费碳排放的时空格局

主要基于三个尺度对中国化石能源消费碳排放进行研究，包括全国尺度的研究、区域尺度的研究、省域尺度的研究。每个尺度的研究都包括三方面内容：时空格局刻画、演变机理分析及减排政策建议。

2. 甄别中国化石能源消费碳排放的影响因素

主要从主观和客观两个方面对中国化石能源消费碳排放的影响因素进行研究，主观方面考察了碳减排的利益相关者，客观方面分析了他们的行为和互动关系。

3. 对中国化石能源消费碳排放大省进行实证研究

以河北省作为碳排放大省的典型研究区，在对河北省碳排放基本态势描述的基础上，刻画其时空格局，分析其演变机理，对其影响因素做深入剖析，从多角度提出政策建议。

（二）研究内容

本书研究内容共分八个章节，主要包括三个专题报告、一个问卷调查、一个案例研究和一个综合报告。

1. 第一章（研究背景）

提出研究的背景及意义，研究的对象、目标、内容、方法及特色等；基于不同学科的视角构筑本书的理论支撑，包括低碳经济理论、环境库兹涅茨曲线、经济地理学理论、区域经济学理论、发展经济学理论等；文献综述包括：国内外相关文献的回顾及评述，提出本书的主要贡献。

2. 第二章（专题报告一）：基于全国尺度的碳减排格局、机理及路径研究

对全国尺度的碳排放进行时空格局及其演变机理分析，选取表征碳排放的三个重要指标——碳排放总量、人均碳排放量和碳强度进行格局刻画；选取碳排放重要影响因素之一——GDP，通过全国时序计量经济模型分析二者之间的关系，揭示其演化机理。

3. 第三章（专题报告二）：基于区域尺度的碳减排格局、机理及路径研究

以中国四大地区为研究对象，基于碳排放的三个重要指标：碳排放总量、人均碳排放量和碳强度，在区域尺度进行减排时空格局分析。选取碳排放的多个主要影响因素形成典型指标，建立全国尺度和东部、中部、西部、东北四大区域尺度的面板计量经济模型，对碳排放的客观影响因素进行研究，比较其影响因素的异同，探索其演变机理并进行对比政策设计。

4. 第四章（专题报告三）：基于省域尺度的碳排放格局、机理及路径研究

以中国各省、自治区、直辖市（以下简称各省）为研究对象，基于碳排放的三个重要指标：碳排放总量、人均碳排放量和碳强度，在省域尺度进行减排时空格局分析。根据三个指标对各省进行类型分区，利用空间自相关方法和空间计量经济模型刻画中国省域碳排放总量的空间分布状态，剖析其演变机理；通过“四点定位”理论识别出碳减排关键省份并给予减排政策设计。

5. 第五章（问卷调查）：碳排放主体及其行为研究

通过问卷调查方法对碳排放的主观影响因素进行研究，识别碳

减排的利益相关者，包括政府、企业、NGO、媒体和公众，对五类主体发出的行为进行重要性及满意度评价，通过建立五主体互动响应模型，分析他们之间的相互作用。

6. 第六章（案例分析）：中国碳排放大省实证研究——以河北省为例

以河北省为例，对中国化石能源消费碳排放大省进行案例研究，河北省在大部分年份处于超重度I类排放区的位置，是高碳排放代表省份，具有研究的典型性。本书运用相似关系、脱钩关系和指数分解法对碳排放的时空格局、演变机理和影响因素进行研究，从五个方面对河北省未来碳减排提出了政策建议。

7. 第七章（综合报告）：基于不同尺度的中国区域碳减排格局、机理及路径研究

对上述所有研究进行提炼和总结，从七个方面总结本书的主要研究成果与结论，提出主要观点和政策建议，就上述各章的不足提出研究展望。

三、研究方法及主要创新性成果

（一）研究方法

本书拟从多学科视角出发，综合运用地理学、经济学、管理学、心理学等学科相结合的方法对中国化石能源消费碳排放进行分析，在各章中所运用的方法具体有以下几种。

1. 第一章（研究背景）

在对相关理论进行述评时，使用了规范分析方法。

2. 第二章（专题报告一）：基于全国尺度的碳减排格局、机理及路径研究

（1）比较分析方法

根据中国分品种化石能源消费测算数据，对不同品种能源消费产生的碳排放量进行比较分析；根据美国橡树岭实验室的数据，对2008年世界碳排放总量前10名国家进行比较。

（2）时间序列计量经济模型方法

在对中国碳排放时空格局的演变机理进行分析时，选取了碳排放的最重要影响因素之一——经济增长，选取碳排放总量与经济增长二变量建立时间序列计量经济模型，采用协整检验、误差修正模型、基于VAR模型的脉冲响应函数、Granger因果关系检验等非传统计量经济学分析方法分析其长短期动态关系。

3. 第三章（专题报告二）：基于区域尺度的碳减排格局、机理及路径研究

（1）比较分析方法

对面板数据模型进行估计结果分析时，将五个地区模型的系数进行比较，进一步分析各解释变量对被解释变量的影响程度，并进行对比政策设计。对四大地区的碳排放时空格局分别进行比较分析，目的是为低碳经济策略的选择提供依据和支撑，为其他地区的碳减排政策制定提供示范性方案。

（2）面板数据计量经济模型方法

采用多方程分析中的面板数据模型方法，建立了全国及分区域的面板数据模型，分析碳排放总量的影响因素，模型解释变量选择了经济发展水平、产业结构、能源消费结构、技术创新、人口总数、城市化水平，模型能够从三维（个体、指标、时间）方向反映研究对象的变化规律和个体特征，可较为充分地利用样本所包含的信息反映客观规律。

4. 第四章（专题报告三）：基于省域尺度的碳减排格局、机理及路径研究

（1）空间计量经济学方法

在对中国省域碳排放时空格局的演变机理进行分析时，运用空间自相关测算方法，在建立空间权重矩阵的基础上，对省域碳排放是否存在全局空间自相关和局部空间自相关等内容开展了深入研究。

（2）GIS 分析方法

在对省域碳排放的时空格局进行研究时，选取三个重要的指标，包括碳排放总量、人均碳排放量、碳强度进行表征；对每个指标在全国各省的分布绘制了 GIS 格局图，进行碳排放时空演变的动态刻画。在对中国省域碳排放空间自相关格局进行分析时，对碳排放“四点”定位理论所含省份进行 GIS 展现和时空格局分析。

5. 第五章（问卷调查）：碳减排主体及其行为研究

采用问卷调查方法对碳排放的主观影响因素进行分析，主要调查了碳减排主体的构成及主体的行为特征。问卷问题的回答方式采用李克特量表方法进行设计，目的是对碳减排主体及行为进行重要

性及满意度评价。

6. 第六章（案例分析）：中国碳排放大省实证研究——以河北省为例

（1）比较分析方法

在研究期内，对河北省碳排放总量、能源消费总量及 GDP 的变动趋势进行比较分析；对河北省能源消费强度和碳强度进行比较分析；对河北省分品种能源消费引起的碳排放量环比增速进行比较分析；在对河北省碳排放总量的变动趋势进行描述时，将其和京津二市的情况进行比较分析。

（2）指数测算方法

在对河北省碳排放时空格局的演变机理进行分析时，采用了指数测算方法，包括脱钩指数法和指数分解法，脱钩指数法可研究经济发展与资源环境之间的脱钩关系。本书基于脱钩理论及脱钩弹性指数对河北省的两种脱钩给予了定量表达并解释了脱钩成因，包括碳排放与经济增长的脱钩分析、能源消费与经济增长的脱钩分析。指数分解法可对碳排放变动量的影响因素进行效应分解，本书将河北省碳排放变动量分解为四个方面的效应并进行效应贡献分析。

（二）数据来源

本书所采用的数据包括直接数据和间接数据两部分。

1. 直接数据

主要是调查数据，通过设计调查问卷，针对目标对象进行调查而获取。调查历时 3 个月，主要调查了北京、河北两个地方的人群，共发放调查问卷 500 份，收回有效问卷 465 份，问卷有效率为 93%。

2. 间接数据

主要来源于国内外相关机构，包括国际数据和国内数据两部分。

（1）国际数据：包括来自于以下国际机构的数据，如联合国气候变化政府间专门委员会（Intergovernmental Panel on Climate Change，IPCC）、美国能源部（U. S. Department of Energy，DOE）、美国能源信息署（U. S. Energy Information Administration，EIA）、国际能源署（International Energy Agency，IEA）、英国石油公司（BP）、美国橡树岭国家实验室（Oak Ridge National Laboratory，ORNL）等。

（2）国内数据：包括各类最新统计资料，如《中国统计年鉴》（1990 ~ 2013）、《新中国 60 年统计资料汇编：1949 ~ 2008》、《中国各省、自治区、直辖市统计年鉴》（1980 ~ 2013）、《中国能源统计年鉴》（1990 ~ 2013）等。

（三）研究特色和创新性成果

在综合已有研究的基础上，本书尝试进行了三个方面的创新工作，概括为："二维视角；三个尺度；四点定位"。

1. 二维视角：碳排放影响因素研究考虑了主观和客观双重因素的作用

一般情况下，某一结果都由主观和客观两方面影响因素共同作用而成，如果只研究一方面必然有失偏颇。本书基于这种考虑，对碳排放的影响因素进行了主客观两方面的分析。

（1）主观方面：考虑了推动碳减排的五类主体及行为，通过问卷调查考察被调查者对各类主体推进碳减排工作的评价。

（2）客观方面：选取碳排放的主要影响因素，建立面板计量经济模型，包括全国尺度的模型和东部、中部、西部和东北四大区域尺度的模型，比较影响因素的贡献率异同，给予相应的政策建议。

2. 三个尺度：充分运用地理学科空间研究的优势方法进行碳排放时空格局分析

（1）目前，对碳排放的研究多集中于某一个特定层面，本书着重利用地理学科的优势，将研究从全国——区域——省域尺度依次展开，尝试了跨尺度的综合分析，突出了地理学科空间研究的优势，描述了碳排放的空间格局及其分异规律。

（2）以不同尺度的区域作为载体，在每个尺度上都分析了碳排放的时空格局、演变机理及减排政策建议，建立了区域化石能源消费碳排放的研究体系，尝试构建多尺度区域碳排放研究的范式。

（3）在每个尺度的时空格局分析中都采用了三个重要的碳排放测度指标，包括碳排放总量、人均碳排放量、碳强度，充分刻画了不同时期不同尺度区域的碳排放发展态势。

3. 四点定位：首次针对碳减排关键省份提出碳排放“四点定位”理论

利用空间计量经济学方法对省域碳排放规模的空间分布格局进行了探索性空间分析，提出了碳排放“四点定位”理论——热点、冷点、凹点和凸点，从全国各个省份中识别出碳排放热点省份、冷点省份、凹点省份和凸点省份，提出针对性的政策建议。

四、相关概念及理论基础

（一）相关概念界定

1. 能源的定义及常用分类

能源亦称能量资源或能源资源，是自然界中能为人类提供某种形式能量（如热量、电能、光能和机械能等）的物质资源。通常，凡是能被人类直接取得或者通过加工加以利用以获得有用能量的各种来源都可以称为能源。

按能源的基本形态分类，有一次能源和二次能源，前者即天然能源，指在自然界现成存在的能源，如煤炭、石油、天然气、水能等，后者指由一次能源加工转换而成的能源产品，如电力、煤气、蒸汽及各种石油制品等。对一次能源进一步加以分类，可分为可再生能源和非可再生能源，凡是可以不断得到补充或能在较短周期内再产生的能源称为可再生能源，反之称为非可再生能源。风能、水能、海洋能、潮汐能、太阳能和生物质能等是可再生能源，煤、石油和天然气等是非可再生能源。本书的研究对象是一次能源中的非可再生能源，也称为化石能源，主要包括煤、石油和天然气。

2. 化石能源消费碳排放

化石能源是一种碳氢化合物或其衍生物，它由古代生物的化石沉积而来，是一次能源。化石能源所包含的天然资源有煤炭、石油和天然气。化石能源的利用是造成环境变化与污染的关键因素，IPCC 所做的气候变化预估报告的结论是：CO_2为温室气体的主要部分，其中约 90% 以上的人为 CO_2排放是化石能源消费活动产生的，因此，可以说化石能源消费碳排放是碳排放的主要来源。本书对碳排放的研究即围绕它而展开。

3. 低碳经济

气候集团在发布《赢余：低碳经济的成长》报告中介绍了低碳经济的概念，指出：低碳经济具有更高的投资回报率，能够显著地增加产量、缩短生产周期、提高生产可靠性、改善产品质量、改善工作环境并鼓舞员工士气，在新增就业方面具有出色的潜力，其增长速度大于其他经济形态。

庄贵阳（2005）认为：低碳经济的实质是能源效率和清洁能源结构问题，核心是能源技术创新和制度创新，目标是减缓气候变化和促进人类的可持续发展。

蒋金荷（2010）认为：低碳经济可以简单理解为在保持一定经济增长速度的前提下，以尽可能降低排放温室气体的经济发展模式，使现有的高消耗、高排放、高污染的经济体系向低消耗、低排放、低污染的可持续发展之路转变。其实质是建立经济高效、能源节约、低碳排放的生产方式和消费方式，形成可持续的能源系统、技术体系和产业结构，通过能源技术创新、制度创新和人类生存发展观念的根本性转变达到低碳的发展模式。

一般认为，低碳经济是指在可持续发展理念指导下，通过技术创新、制度创新、产业转型、新能源开发等多种手段，尽可能地减少煤炭、石油等高碳能源消耗，减少温室气体排放，达到经济社会发展与生态环境保护双赢的经济发展形态。低碳经济是一种新型经济发展模式，是人类社会继农业文明、工业文明之后的又一次重大进步。它的实质是能源高效利用、清洁能源开发、追求绿色 GDP，核心是能源技术和减排技术创新、产业结构和制度创新以及人类生存发展观念的根本性转变，建立低碳经济发展模式和低碳社会消费模式，长远实现近零排放，实现经济社会与资源环境的协调和可持续发展。

（二）理论基础

基于不同学科的视角构筑本书的理论支撑，包括低碳经济理论、环境库兹涅茨曲线、区域经济学理论、经济地理学理论和发展经济学理论。

1. 低碳经济理论

为了应对气候变化给人类生存环境带来的巨大挑战，低碳经济的概念应运而生。英国政府在 2003 年的能源白皮书《我们能源之未来：创建低碳经济》中，首次提出了“低碳经济”（Low Carbon Economy）的概念。该白皮书从英国对进口能源高度依赖和作为京都议定书缔约国有义务降低温室气体排放的实际需要出发，着眼于降低对化石能源依赖和控制温室气体排放，提出了英国到 2020 年，CO_2 排放量在 1990 年水平上减少 20%，到 2050 年减少 60%，以建立低碳经济社会的目标。白皮书要求通过提高资源的生产率，以更少的污染获取更多的经济产出，但是，英国并没有界定低碳经济的概念，也没有给出低碳经济的评价指标体系。此外，英国还出台了《英国气候变化战略框架》，提出了全球低碳经济的远景设想。

系统地讨论低碳经济应追溯至 1992 年的《联合国气候变化框架公约》和 1997 年的《京都协议书》，其发展历程如下：联合国大会于 1992 年 6 月 4 日通过了《联合国气候变化框架公约》。《公约》规定，发达国家为缔约方，应采取措施限制温室气体排放，同时要向发展中国家提供新的额外资金以支付发展中国家履行《公约》所需增加的费用，并采取一切可行的措施促进和方便有关技术转让的进行。旨在限制全球温室气体排放量的《京都议定书》于 1997 年 12 月在日本京都达成协议，2005 年 2 月 16 日开始正式生效。目前，已有 141 个国家批准了该项协议，这些国家温室气体排放量占世界总量的 55%。2007 年 12 月 3 日，联合国气候变化大会在印度尼西亚巴厘岛举行，15 日正式通过一项决议，决定在 2009 年前就应对气候变化问题新的安排举行谈判，制订了世人关注的应对气候变化的“巴厘路线图”。该路线图为 2009 年前应对气候变化谈判的关键议题确立了明确议程，要求发达国家在 2020 年前将温室气体减排 25% 至 40%。“巴厘路线图”为全球进一步迈向低碳经济起到了积极的作用，具有里程碑的意义。联合国环境规划署确定 2008 年“世界环境日”（6 月 5 日）的主题为“转变传统观念，推行低碳经济”。2008 年 7 月，G8 峰会上八国表示将寻求与《联合国气候变化框架公约》的其他签约方一道共同达成到 2050 年把全球温室气体排放减少 50% 的长期目标。

目前，低碳经济尚未形成完整的理论体系，一般而言，对低碳的理解可以分为三种情形：第一种情形是温室气体排放的增长速度小于国内生产总值（GDP）的增长速度；第二种情形是零排放；第三种情形是绝对排放量的减少。实现以上三种情形低碳发展的前提条件是经济正增长（GDP 增长率大于零），对于发达国家来说，追求的目标应该是绝对的低碳经济；对于发展中国家而言，目标应该是相对的低碳经济。

2. 环境库兹涅茨曲线（Environmental Kuznets Curve，EKC）

库兹涅茨曲线是 20 世纪 50 年代诺贝尔奖获得者、经济学家库兹涅茨用来分析人均收入水平与分配公平程度之间关系的一种学说。1993 年，Panayotou 借用 1955 年库兹涅茨界定的倒“U”型曲线，首次将这种环境质量与人均收入间的关系称为环境库兹涅茨曲线。研究表明，收入不均现象随着经济增长先升后降，呈现倒 U 形曲线关系，当一个国家经济发展水平较低的时候，环境污染的程度较轻，但是随着人均收入的增加，环境污染由低趋高，环境恶化程度随经济的增长而加剧；当经济发展达到一定水平后，到达某个临界点或称“拐点”以后，随着人均收入的进一步增加，环境污染又由高趋低，其环境污染的程度逐渐减缓，环境质量逐渐得到改善，这种现象被称为环境库兹涅茨曲线。EKC 假说提出后，环境质量与收入间关系的理论探讨不断深入，丰富了对 EKC 的理论解释。

3. 区域经济学理论

区域经济学是研究生产资源在一定空间（区域）优化配置和组合，以获得最大产出的学说。生产资源是有限的，有限的资源在区域内进行优化组合可以获得尽可能多的产出。本学科基于对区域内资源配置的重点、布局以及对配置方式的选择而形成，它对区域的自然资源和自然条件进行经济评价，对区域的经济、社会因素进行分析，更主要的是为制定区域发展纲要提出科学的依据，本书应用了其中的区域协调与组织方面的原理。

4. 经济地理学理论

经济地理学是以人类经济活动的地域系统为中心内容的一门学科，它是人文地理学的一门重要分支学科。经济地理学主要研究包括生产、交换、消费的广义的经济活动，这种研究是在地区基础上或以一定的地区为单位而进行的，不仅研究经济活动的分布，而且联系到经济的空间结构。在联系有关因素时，把地理环境摆在重要地位，着重探讨经济活动和地理环境的关系，相关理论包括农业区位论、工业区位论、梯度转移理论、增长极理论、点轴开发理论、区域协调发展理论、区域空间管治理论等。本书应用了其中的区域协调发展理论等。

5. 发展经济学理论

发展经济学是20世纪60年代与新古典经济理论相同时期发展的经济理论，与新古典理论的主要区别，是针对发展中国家的经济问题进行诊断并提出政策建议。该理论的特点，一是在研究对象方面，不仅研究经济增长，而且注重相关的社会问题、生存环境问题等，即所谓发展问题；二是在研究方法上比较综合，往往采取定性分析为主，用一些简单的数学模型或图形进行解释，重点放在提出政策建议等方面。发展经济学理论提出了许多有意义的观点和建议，例如迈克尔·托达罗提出了发展的新经济观点：发展必须包括经济加速增长、缩小不平等状况和消灭绝对贫困，也包括社会结构、民众态度和国家制度重要变化的多方面过程。西蒙·史密斯·库兹涅茨提出了经济增长的定义：一个国家的经济增长，可以定位为给它的居民提供种类日益增多的经济产品的能力长期上升，这种不断增长的能力是建立在先进技术以及所需要的制度和思想意识之相应的调整举措上的，冈纳·米尔达尔则提出了著名的“回波效应”和“扩散效应”。

五、研究进展及评述

（一）国外研究进展

总体上说，国外对碳排放的研究内容比较广泛，这里只提出一些代表性的研究。

1. *碳排放格局及发展态势研究*

在碳排放基础研究中，以IPCC的研究最为权威。自1990年开始，IPCC已经陆续出版了4次评估报告和1次补充报告，积极推进碳排放的核算和政府间的合作，其中最近一次是在其系列报告《2006年IPCC国家温室气体清单指南》中介绍了在能源，工业过程和产品使用，农业、林业和其他土地利用，废弃物等领域温室气体排放的估算方法。

美国橡树岭国家实验室是美国能源部所属最大的科学和能源研究实验室，成立于1943年，现由田纳西大学和Battelle纪念研究所共同管理。20 世纪五六十年代，橡树岭国家实验室主要从事核能、物理及生命科学的相关研究，70 年代成立了能源部，使其研究计划扩展到能源生产、传输领域等。橡树岭会定期发布碳排放的基础数据和后期研究，是世界上公认的比较权威的研究部门。

2. *碳排放与经济增长关系研究*

碳排放与经济增长关系的研究在国外已比较成熟，大量学者多是从能源消费与经济增长关系的研究开始的。其实证研究起步于 20 世纪 70 年代，Kraft J and Kraft A（1978）使用美国 1947 ~ 1974 年的数据在能源消费与经济增长关系方面进行了开拓性的研究，表明：存在 GNP 到能源消费的单向因果关系，即经济增长将带动能源消费的增加。之后多位学者选取能源、碳排放、经济增长、产业结构等变量进行了研究。如 Hatzigeorgiou（2011a）使用希腊1977 ~ 2007 的数据，基于多元向量误差修正模型研究了 GDP、能源强度和二氧化碳排放之间的关系，通过使用 Johansen 协整检验及因果关系检验方法，发现在变量 GDP、能源强度和二氧化碳排放中，存在多个单向和双向的因果关系。

3. *碳排放的脱钩研究*

OECD 认为：脱钩是在一定时期，环境压力的增长率小于它的经济驱动增长率。把脱钩分为绝对脱钩和相对脱钩，绝对脱钩就是指在经济增长的同时环境压力保持稳定甚至下降，相对脱钩则指环境压力以正的速度增长但其速度小于经济增长速度。Tapio（2005）利用“脱钩弹性”的概念，进一步将脱钩指标由原有的初级脱钩（经济增长与资源利用即能源与 GDP 的脱钩）、次级脱钩（自然资

源与环境污染即 CO_2 与能源的脱钩）和双重脱钩（同时达到初级脱钩和次级脱钩）进一步细分为连接、脱钩和负脱钩三种状态，再依据不同弹性值，进一步细分为弱脱钩、强脱钩、弱负脱钩、扩张负脱钩、扩张连接、衰退脱钩与衰退连接等八大类，使得脱钩指标研究进入新阶段。该指标的优点在于对环境压力指标与经济驱动力指标的各种可能组合给出了合理的定位，此后，多位学者对 Tapio 的研究进行了扩展应用。

（二）国内研究进展

国内对碳排放的主要研究领域及内容有以下六方面。

1. 碳排放格局及发展态势研究

郭义强等（2010a）分析了我国 1995 ~ 2006 年间一次能源消费导致的二氧化碳排放量变化情况，发现在此期间，我国一次能源消费导致的二氧化碳年总排放量呈现“先减少后增加”的发展态势，其拐点出现在 2000 年。而且 2001 年后各个省（区、市）的二氧化碳年排放量较前期均有大幅度的增加，煤炭消费导致的二氧化碳排放量占全国二氧化碳年总排放量的 79% ~ 85%。

张雷（2010a）通过产业—能源关联和能源—碳排放关联两个评价模型解析了中国碳排放区域格局的变化。分析结果表明：第一，产业结构的演进不仅决定着地区经济发展的基本状态，同样决定着国家一次能源消费空间的基本格局；第二，地区产业结构多元化程度越是走向成熟，其一次能源消费的增速也就越减缓；第三，缓慢的一次能源消费结构变化是难以实现地区碳排放增长有效控制的关键。

赵敏等（2009）根据IPCC—2006年版碳排放计算指南计算了上海市1994～2006年化石能源消费碳排放量，结果表明：1994年以来碳排放量逐年增加，碳排放强度不断下降，上海市化石能源消费碳排放量占全国的3.5%，碳排放强度低于全国和全球水平，但比英国、德国、日本高。本文从能源利用效率、经济增长方式、能源结构以及经济结构等角度分析了碳排放强度下降的原因，其中，能源结构调整引起的平均碳排放系数下降和第三产业比重上升是主要原因。

2. 碳排放影响因素研究

杨振（2010）利用改进的主成分回归分析技术考察了1990年以来中国人口和经济因素对化石能源消费碳排放的影响作用。研究发现：以人口总量、人口城市化和居民收入水平为代表的人口因素和以经济规模、产业结构、能耗结构及碳排放强度为代表的经济因素对碳排放均具有显著的正向影响，其中，经济规模和人口总量是化石能源消费碳排放的关键决定因子。

徐国泉等（2006a）建立了中国人均碳排放的因素分解模型，定量分析了1995～2004年间能源结构、能源效率和经济发展等因素的变化对中国人均碳排放的影响。结果显示，经济发展对拉动中国人均碳排放的贡献率呈指数增长，而能源效率和能源结构对抑制中国人均碳排放的贡献率都呈倒U形。这说明能源效率对抑制中国碳排放的作用在减弱，以煤为主的能源结构未发生根本性变化，能源效率和能源结构的抑制作用难以抵销由经济发展拉动的中国碳排放量增长。

汪宏韬（2010）建立了上海化石能源消费碳排放的 LMDI 分解模型，从经济规模、产业结构、能源强度和产业碳排放系数四个影响因素着手，实证研究了 1995 ~ 2005 年上海分三次产业的化石能源消费碳排放变化机理。研究表明：经济快速增长是上海碳排放增加的主导因素，能源强度下降是抑制碳排放增长的重要因素。产业结构、能源结构优化有利于控制碳排放，而重工业化、能源结构高碳化会增加碳排放。

聂锐等（2010）以江苏省为研究对象，研究了经济增长、产业结构变动、能源技术进步和能源消费结构等因素对能源消费的 CO_2 排放的影响，采用 Laspeyres 指数完全分解技术对江苏省 6 部门终端能源消费及其 CO_2 排放的变动情况进行分解。结果显示：经济增长的规模效应是能源消费及 CO_2 排放逐年增长的主要原因，产业结构变动的节能减排作用相对较小且具有呈阶段性变化的特征，技术进步与能源消费结构的优化调整对节能减排起到了主导作用。

王峰等（2010）运用对数平均 Divisia 指数分解法把 1995 ~ 2007 年间中国能源消费的 CO_2 排放增长率分解为 11 种驱动因素的加权贡献，并对这一时期中的 6 个时间段和每种驱动因素进行了研究。结果表明：1995 ~ 2007 年间，中国 CO_2 排放量的主要正向驱动因素为人均 GDP、交通工具数量、人口总量、经济结构、家庭平均年收入，负向驱动因素为生产部门能源强度、交通工具平均运输线路长度、居民生活能源强度；人均 GDP 增长是 CO_2 排放量增长的最大驱动因素，中国的 CO_2 排放与经济发展和居民生活水平提高密切相关。

邵帅等（2010a）估算了1994～2008年上海市工业分行业能源终端消费的二氧化碳排放量，并基于改进的STIRPAT模型和广义矩估计方法分别对碳排放规模和强度的影响因素进行了实证分析。结果显示：黑色金属行业作为第一排放大户，其排放走势对工业部门整体排放趋势具有关键性的影响；碳排放规模和强度与劳均产出之间分别呈现出N形和倒N形曲线关系；煤炭消费比重对碳排放规模和强度均具有显著的促进作用，研发强度和能源效率对其均表现出显著的限制作用，而投资规模对碳排放规模和强度分别具有显著的促进和抑制作用；碳排放的变化具有明显的滞后效应，劳均产出和能源效率是对碳排放产生长期影响最强的两个因素。

董军等（2010）研究了影响工业部门能耗碳排放的具体因素，综合考虑能源排放强度、能源结构、能源强度和产出规模四个要素，运用指标分解分析法中的对数平均权重分解法，建立了工业部门能耗碳排放分解模型，并对1995～2007年的工业部门能耗碳排放进行实证分析。结果表明：工业能源强度明显显现出对碳排放的负影响，工业经济产出效应明显分为正影响缓慢增长的1995～2001年和迅速增长的2001～2007年两个阶段；工业总量增长引起能源消耗上升是导致碳排放总量迅速增长的直接原因，并且该效应已经抵消了能源强度效应对碳减排的贡献；提出了针对工业部门能源消耗的源头、过程和末端三个环节的低碳对策，特别强调了电力热力行业节能减排，调整发电能源结构对改善我国能源结构，从源头上减排的重要性。

3. 碳排放脱钩及预测研究

彭佳雯（2011a）通过构建经济与能源碳排放脱钩分析模型，

探讨我国经济增长与能源碳排放的脱钩关系及程度，分析二者脱钩发展的时间和空间演变趋势。分析表明：经济增长与能源碳排放脱钩主要由经济与能源消费脱钩造成；我国总体碳减排技术水平较低，区域差异不明显，技术发展相对滞后，对经济与碳排放脱钩贡献有限。据此，未来脱钩发展措施重点方向在进一步推广节能技术、推动产业升级的基础上，应着力加强发展碳减排技术，同时逐步改善能源结构。

李忠民等（2011）基于 Tapio 的脱钩指标对 1995 ~ 2007 年间我国中、东、西三大区碳排放与经济增长之间的脱钩关系进行测度并对脱钩指标进行因果链分解。结果显示：三大区域大部分时间内经济增长与碳排放之间出现弱脱钩状态，经济增长速度大于碳排放增长速度，工业能源利用效率的提高对碳排放增长速度的减缓起到了主要作用，表明节能减排工作初显成效；但近年来煤炭在总体能源结构中的主体地位进一步加强，碳排放与经济增长之间的脱钩关系呈恶化的趋势，对以后的节能减排工作形成挑战。

王卉彤等（2010）应用 1985 ~ 2008 年数据构建了北京市能源消费总量与地区生产总值、户籍人口、第三产业占比之间的关系式，通过对 2015 年、2020 年北京经济总量、人口总量和第三产业占比的估计，预测了北京市 2015 年和 2020 年三种情景下的能源消费总量以及能源消费结构；在此基础上，应用基于能源消费量和能源消费结构的碳排放关系式，预测 2015 年和 2020 年北京市的碳排放总量和万元 GDP 碳排放量，提出北京市的减排对策建议。

王铮等（2010）根据 IPCC - 2006 年版碳排放计算指南计算了河南省 1995 ~ 2006 年的化石能源消费碳排放量，预测了 2007 ~

2050 年河南省平稳经济增长路径下的最优经济增长率和 2007 ~ 2050 年的河南省能源消费结构和产业结构，进一步计算了河南省 2007 ~ 2050 年在经济平稳增长路径下的能源消费与碳排放总量以及人均量。结果表明：1995 年以来，河南省的碳排放量逐年增加，碳排放强度先是逐年下降，到 2003 年发生转折，出现上升的趋势；同时，预测 2007 ~ 2050 年的能源结构显示，河南省煤炭资源在能源消费总量中所占的比重有较大幅度的下降，石油与其他清洁能源的比重不断上升；另外，河南省分别在 2034 年和 2036 年达到碳排放和能源消费总量高峰；人均碳排放量和能源消费量的高峰则出现在 2032 年和 2033 年。

朱永彬等（2009）对内生经济增长模型 Moon – Sonn 进行了改进，通过对能源消费结构和不同能源品种碳排放系数的预测和估计以及对分品种能源碳排放的汇总计算得到了中国未来能源消费所产生的总的碳排放走势。结果表明：在当前技术进步速率下，我国分别在 2040 年和 2043 年达到碳排放高峰和能源消费高峰。此外，针对能源强度不同下降速率对能源消费高峰的影响进行模拟发现，当降速为 4.5% ~5% 时，能源高峰将出现在 2040 年前，此时的人均 GDP 为 10 万元左右，与 OECD 国家的高峰时收入一致；分 3 种情景模拟了可再生能源替代政策对碳排放高峰的影响，发现提高可再生能源的比重可以明显降低碳排放量，但对高峰年份到来的时间影响甚微。

4. 碳排放与经济增长关系研究

牛叔文等（2010a）以亚太八国为对象，运用面板数据模型，分析 1971 ~ 2005 年间能耗、GDP 和 CO_2 排放的关系。结果表明：三者之间存在长期均衡关系。进一步由此建立面板回归模型，发现发达国家的碳排放基数和能源利用效率高，单位能耗和单位 GDP 排放的 CO_2 低，而发展中国家则相反，我国的能耗和碳排放指标优于其他 3 个发展中国家，但次于发达国家。

陈茜等（2010）采用探讨二者变量关系的协整分析检验方法，对不同发展阶段下 6 个典型发达国家的碳排放与经济增长之间的关系进行研究。结果表明：6 个典型发达国家的经济增长和碳排放之间具有长期协整关系。

李明贤等（2010）选取 1978 ~ 2006 年中国碳排放总量和经济总量的时间序列数据，从碳排放与经济增长的相关关系出发，通过相关系数分析、回归分析及其检验，研究中国碳排放与经济增长的演替轨迹，并建立碳排放与经济增长的计量模型。研究结果表明：在目前状况下，中国经济增长是碳排放增长的推动原因，随着中国经济的增长，二氧化碳排放量也呈逐渐增多的趋势，但单位 GDP 碳排放逐渐降低，即碳排放增长率明显低于经济增长率。

宋帮英等（2010）采用地理加权回归（GWR）技术分析了我国省域碳排放量与经济发展的关系，发现 GWR 模型比 OLS 模型具有明显优势，省域碳排放量与经济发展水平、产业结构、人口、外商直接投资和能源价格之前存在内生经济关系；影响碳排放量的各因素在省域空间上存在明显差异。

刘继森（2010）选取广东省 1994 ~ 2008 年经济数据，对广东省经济增长与碳排放之间的关系进行了回归分析，结果显示：两者之间并不符合典型的 EKC 特征，而是呈现显著的 N 形曲线特点，并且目前尚未达到N形曲线的第一个转折点，表明随着广东省经济的增长，广东省的碳污染会有恶化的趋势。

许广月等（2010a）在环境库兹涅茨曲线理论的基础上，选用1990～2007年中国省域面板数据，运用面板单位根和协整检验方法，研究了中国碳排放环境库兹涅茨曲线的存在性。研究结果表明：中国及其东部地区和中部地区存在人均碳排放环境库兹涅茨曲线，但是西部地区不存在该曲线。

刘华军等（2011）利用时间序列数据和省际面板数据，选取排放总量、人均排放量、排放强度作为二氧化碳排放指标对中国二氧化碳排放的环境库兹涅茨曲线进行了经验估计。1952～2007年的时间序列协整检验表明，排放总量、人均排放量与人均收入之间存在单调递增的关系，而单位GDP排放量与人均收入之间支持倒U形的环境库兹涅茨曲线，拐点位于1319元。1995～2007年省际面板数据协整检验表明，排放总量与人均收入呈单调递增关系，单位GDP排放量与人均收入之间呈单调递减关系，目前除北京、上海、天津外，其他各省的人均二氧化碳排放量仍位于上升阶段。

刘扬等（2009）基于IPAT方程对经济增长与碳排放间的关系进行了理论分析，发现碳排放随经济增长的变化，依次遵循碳排放强度、人均碳排放和碳排放总量三个倒U形曲线高峰规律并采用典型发达国家碳排放历史数据进行了验证。

5. 碳排放类型分区研究

在国内，碳排放类型分区目前还没有形成广泛深入的研究，国内最早的研究始于张雷（2006），在对全国各省1980年和2000年的情形进行了碳排放总量的类型分区后，在2010年张雷（2010b）又对研究进行了推进。

6. 低碳经济发展路径及政策研究

目前，我国低碳经济研究主要集中在以下三个方面：①具体产业的低碳发展途径研究，包括增强碳汇能力、调整产品结构、资源节约、替代高碳原料、提高能源利用率、提高行业标准、引导低碳消费等；②低碳经济背景下的能源发展策略，包括优化能源结构、促进资源整合、发展清洁能源、提高能源利用技术、加大能源利用效率、调整绿色能源定价等；③低碳经济政策研究，涉及的方面包括法律规范、税收优惠、金融投资、财政补贴、贸易约束等。

中国科学院可持续发展战略研究组（2009）对我国的低碳道路进行了探索，提出了发展战略路径和具体节能减排措施。其中，刘卫东，张雷，王礼茂，赵建安等（刘卫东等，2010）对我国低碳经济发展框架进行了初步研究发现：碳排放强度与产业结构演化之间存在倒U形曲线关系，发展模式转变和产业结构调整取得实质性成效是实现2020年减排目标的前提。此外，工业技术节能、建筑节能和道路交通节能也都有一定的潜力。在不同情景下，工业技术节能对实现2020年减排目标的贡献程度在12%～14%之间，建筑节能和增加非化石能源规模分别可以起到10%左右的贡献，道路交通节能的贡献率在2%～3%之间。

景跃军等（2010）研究了东北地区一次能源消费的碳排放及低碳经济发展路径，结论如下：东北地区作为我国的老工业基地，在相当长的一段时间内仍将靠能源的消费来拉动经济增长，碳排放量不断增加；受能源排放强度、能源消费结构和能源利用效率的影响，东北地区碳减排成本较高，碳减排面临一定的困难。长远来看，发展低碳经济，改善能源结构、降低能源强度、提高能源利用效率和清洁能源利用比例、进行能源技术创新和政策创新将是东北地区经济发展的必由之路。

（三）研究进展评述及本书的研究工作

碳排放是一个较新的研究领域，总体来说，各个国家的研究均处于探索和发展阶段，研究方法多是借用其他学科的方法，研究深度不够，还未形成成熟的研究体系，已有研究内容主要包括以下几个方面。

（1）碳排放发展格局及态势研究：通过测算碳排放基本指标及相关的系列指标，描述其基本格局、变化轨迹，总结规律。

（2）碳排放影响因素研究：选取指标通过各类指数计算及经济学模型进行，在国外应用比较广泛，国内研究较为粗浅。

（3）碳排放预测研究：包括碳排放量预测，减排潜力预测等，研究方法一般是建立相关影响因素的模型，根据影响因素的变化设定不同的情景进行预测研究，目前国内的研究还不普遍。

（4）碳排放与经济增长关系研究：这是国内外研究最集中的方向之一，其中重要的内容就是对环境库兹涅茨曲线——EKC 的研究，大部分学者运用经济学方法进行建模分析，检验 EKC 是否存在及描述曲线的形状。

（5）碳排放类型分区研究：在国内尚未深入开展，目前还没有形成认可度比较高的减排类型分区方案。

（6）低碳经济发展路径及政策研究：目前国内主要针对全国或

是某个具体省份而展开，属于初步研究阶段，提出的政策还只是泛泛而谈，是否具有可操作性需要考证。

纵观上述研究，存在以下几个方面的不足，也正是基于此，本书在这些方面予以了改进。

1. 构建完整的时空格局研究体系

国内对碳排放发展态势的研究比较零散，没有形成体系，本书构建了中国化石能源消费碳排放时空格局研究的完整体系，包括全国—区域—省域尺度的研究，而且每个尺度都选取碳排放的三个重要影响指标——碳排放总量、人均碳排放量和碳强度进行分析，完成了三个尺度碳排放基本指标的测算。

2. 灵活运用各种定量研究方法

泰尔指数法和变异系数法、脱钩指数法、LMDI 指数分解法等方法在很多领域形成了广泛的应用，但在碳排放领域应用较少。本书借鉴这些方法对碳排放时空格局的演变机理进行定量刻画，目的是希望能够全方位多角度地揭示研究对象时空格局的演变规律。

3. 识别碳减排关键省份

碳排放是具有溢出效应的，属于资源环境溢出的一个类型（王铮等，2003a；2003b；2003c；2005）。在碳减排推进过程中，我们希望制定的政策不仅对本地有积极影响，而且能够发挥溢出效应，助推相邻地区协同发展，这就需要找出碳减排的关键对象，此类研究目前还没有形成稳定可靠的方法。本书尝试进行探索性的研究，借用空间计量经济学方法的最新研究成果，以省域碳排放总量作为基础数据，对全国碳排放关键省份进行识别，通过计算全国各省的空间自相关指数，找出了处于不同位置的省份，首次提出了一个新的理论——碳排放“四点定位”理论，完成了探索性空间分析的部分内容，可为本领域的继续研究提供支持。

4. 多维创新研究视角

目前国内外对碳排放的研究多是基于客观视角，即对已形成结果的事物进行研究，但对为什么会形成这样的结果以及如何规避这种结果缺少思考。本书试图借鉴管理学和心理学的方法，研究由谁造成的结果，结果发生的原因，如何得到更好的结果等，通过利益相关者的研究识别碳减排的行为主体，通过对主体利益的平衡和调控，进而更好地推动碳减排工作。

5. 推动碳减排类型分区工作

基于国内研究的不足，本书尝试了多种指标的碳减排分区设计，以碳排放各重要影响指标如碳排放总量、碳强度等为依据，对不同尺度的研究对象进行类型分区，包括以碳排放总量为指标的省域类型分区方案，以碳强度为指标的省域类型分区方案。

6. 完善碳减排政策研究体系

目前，在减排政策研究方面，多是基于全国和省域的研究，本书尝试完善碳减排的政策体系，重点研究了我国三个不同尺度区域的碳减排问题，提出了针对性的减排战略与策略。

第二章
基于全国尺度的碳减排格局、机理及路径研究

经济发展离不开能源消费，能源作为稀缺自然资本对经济增长的制约作用已越来越明显，而化石能源消费是温室气体排放的主要来源，本章的研究范围是全国尺度，在本书中属于最大尺度的研究，为了能够充分揭示其内在规律，选取了较长的时间序列数据进行研究，包括 1953 ~2011 年共计 59 年的数据，主要考察了碳排放的三个基本指标：碳排放总量、人均碳排放量和碳强度，分别计算了观察期内各个指标的变化量及变动率并分析了其时空格局，对于碳排放时空格局的演变机理研究，本章选取影响碳排放总量最重要的经济指标之一——国内生产总值（以下简称 GDP）来分析二者之间的短期及长期关系。

一、碳排放总量格局分析

（一）化石能源消费引起的碳排放量的测算

对于化石能源消费引起的碳排放量的测算，IPCC（2006，

2007）提出了基本方法，我国学者徐国泉（2006b）首次在2006年利用此方法进行了研究。目前，此方法在世界范围内碳排放的计算中已经得到了普遍的认可和较为广泛的应用，对碳排放比较合理的计算应是：对分品种能源消费产生的碳排放量进行计算并加和最终得到碳排放总量，其能源细分品种多达几十种，而国内的分品种能源消费数据比较缺乏，在本书所研究的年份中不够完全。如果采用现有部分分品种能源消费数据，计算结果和真实情况会有较大偏差，因此，本书只计算一次能源消费中主要能源品种的碳排放量。由于水电基本不产生碳排放，最终计算煤炭、石油、天然气三种一次能源消费产生的碳排放量，本书对IPCC的公式稍作改进，见公式（2.1）。

$$CE = \sum_{i=1}^{3} E_i F_i = \sum_{i=1}^{3} E \frac{E_i}{E} F_i \tag{2.1}$$

式中CE表示化石能源消费引起的碳排放总量，E表示能源消费总量，E_i表示各类能源的消费量，i = 1，2，3，分别表示煤炭、石油、天然气的能源消费量，F_i表示我国各类化石能源的碳排放系数，其中F_i的取值借鉴了国内多篇文献的研究（郭义强等，2010b；蒋金荷，2011），采用多个机构及项目所测的平均值进行计算，见表2.1。

表2.1　各类化石能源碳排放系数表　单位：tC/tce

研究机构	煤炭	石油	天然气
美国能源部/美国能源信息署	0.7020	0.4780	0.3890
日本能源经济研究所	0.7560	0.5860	0.4490
中国国家发展和改革委员会能源研究所	0.7476	0.5825	0.4435

续表

研究机构	煤炭	石油	天然气
中国工程院	0.6800	0.5400	0.4100
中国国家环保局温室气体控制项目	0.7480	0.5830	0.4440
中国国家科委气候变化项目	0.7260	0.5830	0.4090
均值	0.7266	0.5588	0.4241

本章数据来源于《中国能源统计年鉴》、《新中国六十年统计资料汇编》，本书选取中国 1953 ~2011 年全国化石能源消费总量及煤、石油、天然气三类能源的占比数据，计算出各年份分品种化石能源消费引起的碳排放量，之后将三类化石能源消费引起的碳排放量加总得到全国化石能源消费引起的碳排放总量。

（二）碳排放总量及其年增长率

从 1953 ~2010 年，中国化石能源消费碳排放总量及其年增长率的变化见图 2.1，根据碳排放总量的变化特征，大致可划分为三个阶段。

图 2.1　1953 ~2011 年中国化石能源消费碳排放总量及其年增长率

1. 1953～1977 年：起伏波动阶段

这一时期是从建国初期至改革开放之前，1949 至 1956 年，我国处于新民主主义经济时期；1956 年至 1978 年，我国处于社会主义计划经济时期。这段时期，我国实行计划经济体制，社会主义经济处于初步发展阶段，工业体系尚未完全建立，碳排放总量及年增长率均呈现剧烈波动。

2. 1978～2000 年：平稳上升阶段

这一时期我国开始实行改革开放政策，社会主义市场经济体制逐步建立，经济规模开始扩大，与其他两个阶段相比，碳排放总量及年增长率变化较为平缓。

3. 2001～2011 年：快速增长阶段

这一时期是从世纪之初至“十一五”规划末期，我国经济得到了前所未有的飞速发展，碳排放总量增加幅度远远高于其他阶段，其年增长率变化的轨迹为：从 2001～2003 年，年增长率上升，从 2003～2008 年，年增长率下降，从 2008～2011 年，年增长率又上升。

（三）碳排放总量的国别比较

根据美国橡树岭实验室的数据，本书对 2008 年世界碳排放总量前十名国家进行比较，见图 2.2。在前十名中，中国和美国的碳排放规模远远高于其他国家，中国碳排放总量约是第三名印度的 4 倍，是第四名俄罗斯的 4.1 倍，是第五名日本的 5.8 倍，是第六名德国的 8.9 倍，是第七名加拿大的 12.9 倍，是第八名伊朗的 13.1

倍，是第九名英国的13.4倍，是第十名韩国的13.8倍。

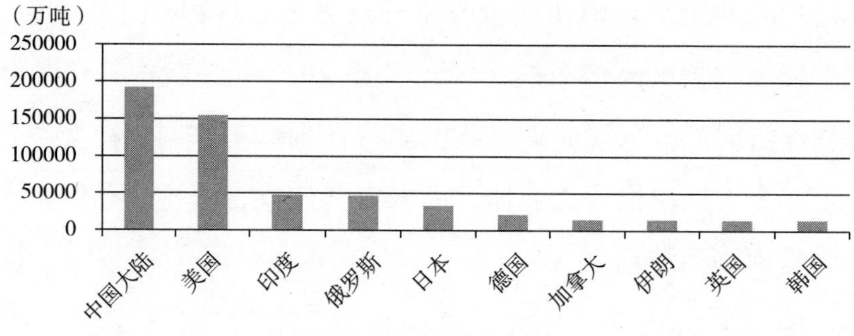

图2.2 2008年世界碳排放总量前十名国家碳排放规模比较图

数据来源：http：//cdiac. ornl. gov。

（四）分品种能源消费产生的碳排放量比较

本书主要考察煤炭、石油、天然气3种一次能源消费产生的碳排放量，分品种能源消费产生的碳排放量及其所占份额分别见图2.3、图2.4。1978年之前，中国的能源消费绝对以煤炭为主，石油和天然气所占份额微乎其微，50年代末60年代初，随着大庆、胜利等油气田陆续开采之后，石油、天然气成为部分工业和民用的重要能源，我国的能源消费结构发生了巨大变化，在2002年后，我国开始建设天然气产品替代石油产品的一批工业项目，天然气逐步普及到了各个领域。总之，在观察期内，我国分品种化石能源消费碳排放总量格局基本以煤炭产生的碳排放量为主，煤炭消费在我国处于绝对优势的地位将长期存在，石油、天然气消费产生的碳排放量在缓慢增加。

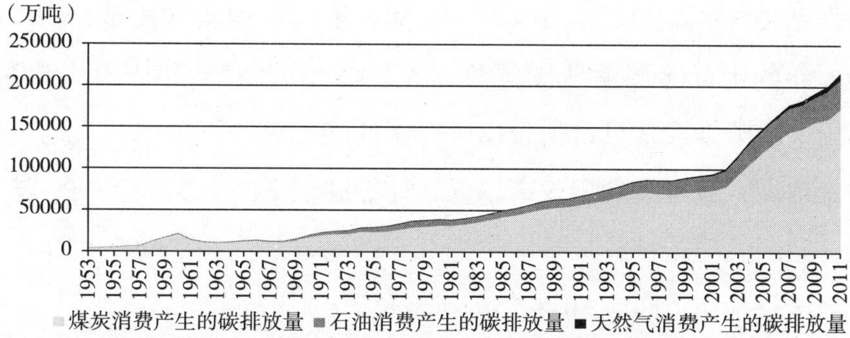

图 2.3　1953～2011 年中国分品种化石能源消费碳排放量

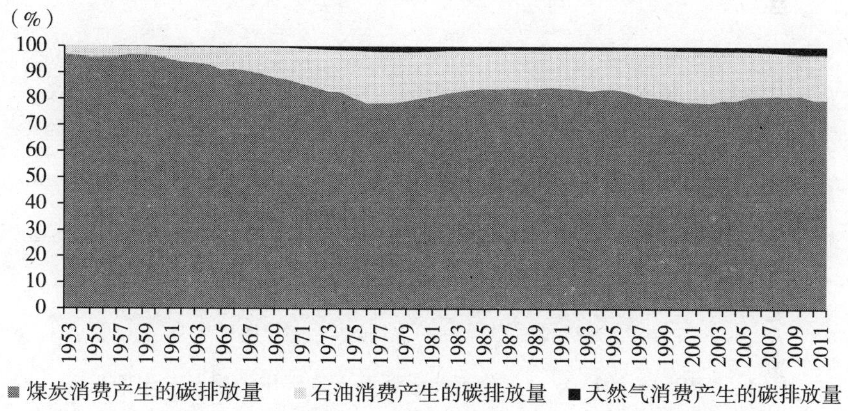

图 2.4　1953～2011 年中国分品种化石能源消费碳排放量所占份额

二、人均碳排放量格局分析

（一）人均碳排放量基本态势分析

一般情况下，人均指标可以集中反映社会财富的丰裕程度，也可以反映人民生活水平，而人均碳排放量是一个反向指标，其计算过程见公式（2.2），其中 $\overline{CE_{y1}}$ 代表 y_1 年的人均碳排放量，CE_{y1} 代表 y_1 年的化石能源消费碳排放总量，POP_{y1} 代表 y_1 年末总人口数，利用人均碳排放量可以衡量出研究区的碳排放利用效率，人均碳排放量越高，碳排放利用效率越低，计算结果见图 2.5，在 1990 年之前，我国人均碳排放量基本位于 0.6 吨/人以下，在 1990～2000 年缓慢增长，在 2000～2011 年迅速增长。

$$\overline{CE_{y_1}} = \frac{CE_{y_1}}{POP_{y_1}} \tag{2.2}$$

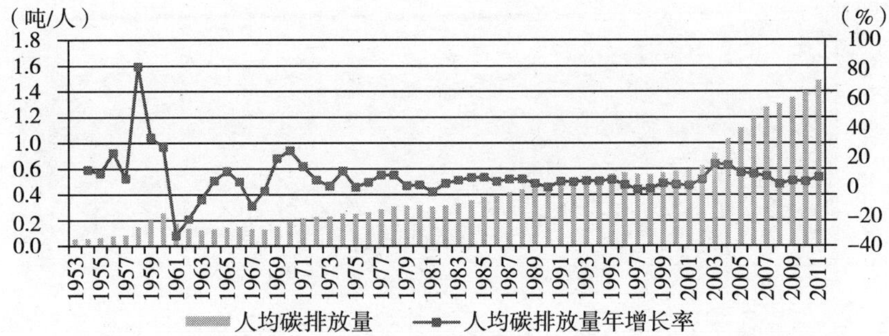

图 2.5　1953～2011 年中国化石能源消费人均碳排放量及其年增长率

（二）人均碳排放量与人均 GDP 的关系拟合

在观察期内，将人均碳排放量与人均 GDP 数据进行拟合，见公式（2.3）及图 2.6，其相关系数超过了 0.95。随着人均 GDP 的上升，在开始，人均碳排放量上升幅度较快，到了一定阶段，人均碳排放量上升幅度趋缓，因此，通过一元二次方程可以较好地表征二者之间的关系。

$$y = -3.3154x^2 + 4.2638x + 0.1555 \tag{2.3}$$

$$(R^2 = 0.9527)$$

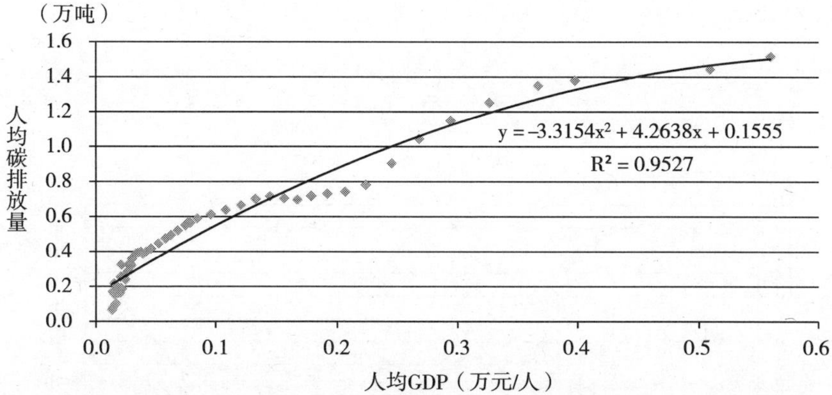

图 2.6　1953 ~ 2011 年中国化石能源消费人均碳排放量与人均 GDP 拟合图

三、碳强度格局分析

碳强度是考察经济活动中碳排放的重要指标，这一指标可以反映能源利用效率的综合情况及经济发展的碳成本情况，碳强度的基本计算为：一国在一定时期内，碳排放量与国内生产总值的比，即单位 GDP 的碳排放量。这里用 CEI 表示，见公式（2. 4），其中 CEI_{y1}代表 y_1 年碳强度，CE_{y1}代表 y_1 年化石能源消费碳排放总量，GDP_{y1}代表 y_1年平减后的国内生产总值，1953 ~ 2011 年中国化石能源消费碳强度及年增长率的计算结果见图 2. 7，发现碳强度及年增长率变动均很明显，本书重点考察改革开放后的情况。1978 年之后，碳强度基本呈大幅下降趋势，期间偶有小幅上升，至 2011 年碳强度已降至历史最低，为 2. 709 吨/万元，说明我国的节能减排政策发挥了一定作用，尽管碳排放总量在上升，但单位 GDP 的碳排放总体在下降。

$$CEI_{y_1} = \frac{CE_{y1}}{GDP_{y1}} \tag{2.4}$$

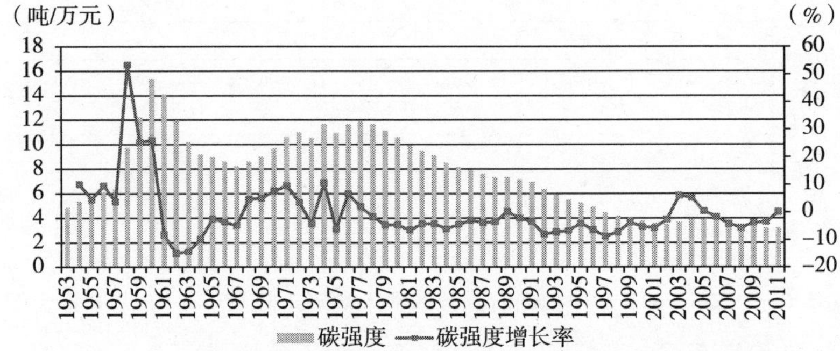

图 2.7　1953 ~ 2011 年中国化石能源消费碳强度及其年增长率

四、中国碳排放时空格局的演变机理——碳排放与经济增长的关系研究

本节选择碳排放的重要影响因素之一——经济增长，通过与经济增长的关系探索碳排放时空格局的演变机理，研究主要以 1953 ~ 2010 年作为观察期，通过建立时间序列计量经济学模型来研究中国化石能源消费碳排放与经济增长的关系。选择的方法包括：协整关系检验、误差修正模型、基于向量自回归模型的脉冲响应函数及因果关系检验，研究的目标为：①分析二变量是否具有协整关系，即二变量是否存在长期均衡；②建立误差修正模型，通过弹性指标定量表征二变量相互作用的经济机制；③基于 VAR 模型建立脉冲响应函数，刻画二变量随时间变化的短期动态关系；④检验二变量是

否具有因果关系，即，是化石能源消费碳排放量增加推动了经济增长，还是经济增长引起了碳排放量的增加，抑或二者互为 Granger 因果关系。

（一）理论与方法

1. 协整关系与长期均衡

对于一个时间序列，经典回归模型需要建立在平稳变量基础上，对于非平稳变量，不能使用经典回归模型，否则会出现伪回归等问题，但是，非平稳时间序列的线性组合可能构成平稳序列，这样就可以使用经典回归模型方法进行回归（Hatzigeorgiou *et al.*，2011b）。协整关系的概念是20 世纪 80 年代由 Engle 和 Granger 提出的，其基本思想是：若两个及两个以上的时间序列变量是非平稳的，但它们的某种线性组合却表现出平稳性，则这些变量之间可能存在长期的稳定关系，即协整关系。如果经济变量间存在协整关系，意味着其存在长期均衡关系（Belke *et al.*，2011；Yassin *et al.*，2012），这种均衡关系的含义为：如果变量在某时期受到干扰后偏离其长期均衡点，则均衡机制将会在下一期进行调整以使其重新回到均衡状态，因此，在这段时期内，此经济系统不存在破坏均衡的内在机制（C. W. J.，1988a）。

2. 误差修正模型

具有协整关系的非平稳变量可以用来建立误差修正模型（Error Correction Model，ECM），ECM 把长期关系和短期动态特征结合在一个模型中，提供了揭示长期关系和短期关系调节的途径。这样既可以克服传统计量经济模型忽视伪回归的问题，又可以克服建立差分模型忽视水平变量信息的弱点（Apergis *et al.*，2010；Sarma *et al.*，2012）。

ECM 是一种具有特定形式的计量经济学模型，它的主要形式是由 Davidson、Hendry、Srba 和 Yeo 于 1978 年提出的，常称为 DH-SY 模型，假设两变量 X 与 Y 的长期均衡关系如公式（2.5）所示。

$$Y_t = a_0 + a_1 X_t + \mu_t \qquad t=1,\ 2,\ 3\cdots,\ T \tag{2.5}$$

由于现实经济中 X 与 Y 很少处在均衡点上，我们实际观测到的只是 X 与 Y 间的短期的或非均衡的关系，因此建模时需要用数据的动态非均衡过程来逼近经济理论的长期均衡过程。ECM 中最一般的模型是自回归分布滞后模型（Autoregressive Distributed Lag，ADL）（Lean *et al.*，2010；Pao *et al.*，2010），本书考虑建立 ADL（1，1）分布滞后模型，见公式（2.6）。

$$Y_t = \beta_0 + \beta_1 X_t + \beta_2 X_{t-1} + \mu Y_{t-1} + \varepsilon_t \qquad t=1,\ 2,\ 3\cdots,\ T \tag{2.6}$$

该模型显示出第 t 期的 Y 值，不仅与 X 的变化有关，而且与 t－1期 X 与 Y 的状态值有关，由于变量可能是非平稳的，因此不能直接运用 OLS 法。对（2）式适当变形可得 ECM 模型，见公式（2.7）（李子奈等，2010）。

$$\Delta Y_t = \beta_1 \Delta X_t - \lambda (Y_{t-1} - \alpha_0 - \alpha_1 X_{t-1}) + \varepsilon_t \qquad t=1,\ 2,\ 3\cdots,\ T \tag{2.7}$$

式中，$\lambda = 1 - \mu$，$\alpha_0 = \beta_0/(1 - \mu)$，$\alpha_1 = (\beta_1 + \beta_2)/(1 - \mu)$

3. 向量自回归模型

向量自回归模型（Vector Autoregressive Model，VAR）由

C. A. Smis 提出，其基本表述为：在一个含有 n 个方程（被解释变量）的 VAR 模型中，每个被解释变量都对自身以及其他被解释变量的若干期滞后值回归，若令滞后阶数为 k，则 VAR 模型的一般形式可用公式（2.8）表示（Sun *et al.*，2011）。

$$Zt = \sum_{i=1}^{k} AiZt - i + Vt \tag{2.8}$$

其中，Z_t表示由第 t 期观测值构成的 n 维列向量，A_i为 n×n 系数矩阵，V_t是由随机误差项构成的 n 维列向量，其中随机误差项 V_i（i=1，2，…n）为白噪声过程，且满足 $E(v_{it}v_{jt}) = 0$（i，j=1，2，…，n，且 i ≠ j）。

对于 VAR 模型，我们一般利用系统的脉冲响应函数来分析模型中的内生变量对它自身以及其他内生变量的扰动所做出的反应，从而了解 VAR 模型的动态特征。

4. 格兰杰（Granger）因果关系检验

格兰杰因果关系检验是由 Granger 提出的，其前提是只能用于平稳序列的检验（Fallahi，2011），而得出的因果关系并非通常意义上的因与果的关系，Granger 从预测的角度给出了一个因果性的定义：如果 X 有助于预测 Y，则 X 是 Y 的 Granger 原因，即将过去的 X 包含在信息集中可提高对 Y 的预测，此检验过程为 Granger 因果关系检验（C. W. J.，1980；1988b）。

（二）指标选取与数据处理

对于全国碳排放总量的测算，本章已进行说明，对于国内生产总值的测算，本书选取中国 1953～2010 年的国内生产总值现价，将其按照1950年=100的地区生产总值指数进行平减，即全部换算为以1950年为基期的价格水平，以克服通货膨胀的影响。以上计算出的碳排放总量和平减后的国内生产总值两变量分别用CE和GDP表示，其时序趋势见图2.8。为克服较大的数据波动性，分别将CE和GDP取对数，记为LNCE和LNGDP，其时序趋势见图2.9。

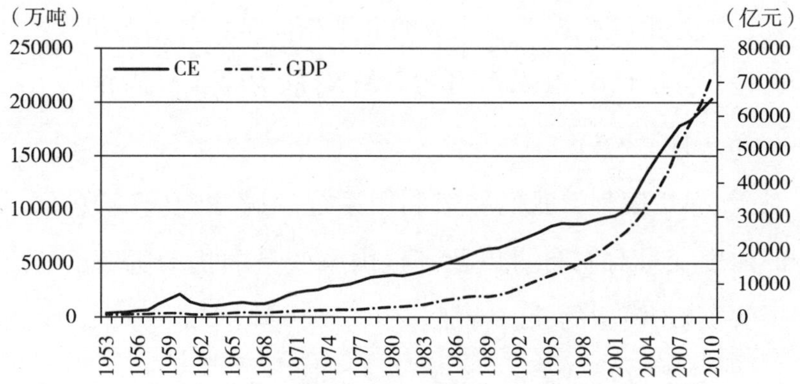

图2.8 1953~2010年中国化石能源消费碳排放总量和GDP时序趋势图

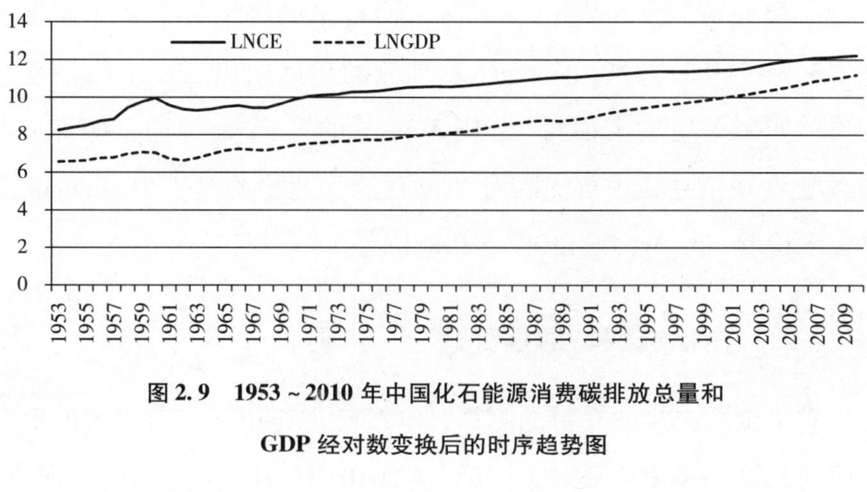

图2.9 1953~2010年中国化石能源消费碳排放总量和GDP经对数变换后的时序趋势图

（三）实证分析与结果

1. 模型构建

将化石能源消费引起的碳排放总量取对数后的 LNCE 作为因变量，国内生产总值取对数后的 LNGDP 作为自变量，建立如下模型，见公式（2.9）。

$$LNCE_t = \alpha + \beta LNGDP_t + \varepsilon_t \qquad t=1, 2, 3\cdots, T \quad (2.9)$$

2. 序列的平稳性检验

并非任何所研究变量间都会存在协整关系，只有两个时序变量均为非平稳变量，且同阶单整或者两个以上变量具有不同的单整阶数，经过线性组合构成低阶单整变量，协整检验才有意义（Lee *et al.*，2009）。因此，分别对 LNCE 和 LNGDP 进行序列的平稳性检验，其 H_0假设为：LNCE 和 LNGDP 均存在一个单位根（Narayan *et al.*，2008）。因为两个变量的曲线图都带有趋势及截距项，因此选择带有趋势及截距项的模型，滞后期根据 SIC 的选择自动获取，结果见表 2.2 可知：LNCE 和 LNGDP 的 t 检验值大于三个显著性水平下的临界值，不能拒绝 H_0假设，二序列均不平稳，均存在一个单位根。

表 2.2　　序列 LNCE 和 LNGDP 的 ADF 单位根检验结果

变量		LNCE	LNGDP
检验形式	有无趋势项	有	有
	有无常数项	有	有
	滞后期	10	10
	信息准则	SIC 准则	SIC 准则

续表

变量		LNCE	LNGDP
t 统计量		-1.849310	-2.644488
三个显著性水平下的临界值	1% level	-4.148465	-4.140858
	5% level	-3.500495	-3.496960
	10% level	-3.179617	-3.177579
伴随概率 P 值		0.6649	0.2633
检验依据		t 检验值大于三个显著性水平下的临界值，不能拒绝 H_0假设	t 检验值大于三个显著性水平下的临界值，不能拒绝 H_0假设
检验结果		不平稳	不平稳

对于不平稳序列，一般可对其做差分再进行 ADF 检验继续判断其平稳性，本书对 LNCE 和 LNGDP 做一阶差分，分别用 DLNCE 和 DLNGDP 表示，其趋势变化见图 2.10，可看出差分后的序列值随时间上下波动，有可能趋于平稳。对 DLNCE 和 DLNGDP 进行 ADF 检验，见表 2.3，H_0假设为：DLNCE 和 DLNGDP 均存在一个单位根，检验结果为：DLNCE 和 DLNGDP 的 t 检验值小于三个显著性水平下的临界值，拒绝 H_0假设，均为平稳序列（Lee，2006）。

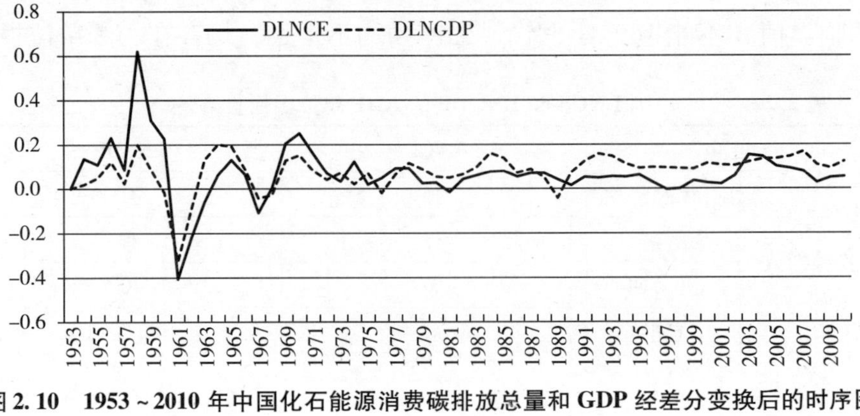

图 2.10　1953～2010 年中国化石能源消费碳排放总量和 GDP 经差分变换后的时序图

表 2.3 序列 DLNCE 和 DLNGDP 的 ADF 单位根检验结果

变量		DLNCE	DLNGDP
检验形式	有无趋势项	无	无
	有无常数项	有	有
	滞后期	10	10
	信息准则	SIC 准则	SIC 准则
t 统计量		-4.416131	-5.647726
三个显著性水平下的临界值	1% level	-3.555023	-3.555023
	5% level	-2.915522	-2.915522
	10% level	-2.595565	-2.595565
伴随概率 P 值		0.0008	0.0000
检验依据		t 检验值小于三个显著性水平下的临界值，拒绝 H_0 假设	t 检验值小于三个显著性水平下的临界值，拒绝 H_0 假设
检验结果		平稳	平稳

3. 协整关系检验

经过 ADF 检验，差分后的序列 DLNCE 和 DLNGDP 均一阶平稳，符合协整检验的前提条件，协整检验可依据 Engle - Granger 方法进行，简称 E - G 两步法。首先对序列 LNCE、LNGDP 建立一元线性回归模型，这里采用普通最小二乘法进行回归，之后生成一个残差序列 L，H_0 假设为：残差序列 L 存在一个单位根，对残差序列进行 ADF 检验，ADF 检验结果见表 2.4。结果显示残差序列平稳，说明化石能源消费碳排放总量与经济增长存在协整关系，即表明从 1953 ~ 2010 年，我国的化石能源消费碳排放总量和国内生产总值之间存在长期均衡，其协整方程见公式（2.10）。

$$LNCE_t = 4.469 + 0.719LNGDP_t \qquad t = 1, 2, 3\cdots, T$$

$$(17.512) \qquad (24.048) \qquad (2.10)$$

协整方程表示的经济含义为：GDP 每上升 1%，化石能源消费碳排放总量上升 0.719%，弹性比较大，说明化石能源消费碳排放量增加推动经济增长的程度较高。

表 2.4 残差序列的 ADF 检验

变量		残差序列 L
检验形式	有无趋势项	无
	有无常数项	无
	滞后期	10
	信息准则	SIC 准则
t 统计量		-3.142637
三个显著性水平下的临界值	1% level	-2.606911
	5% level	-1.946764
	10% level	-1.613062
伴随概率 P 值		0.0001
判别		t 检验值小于三个显著性水平下的临界值，拒绝 H_0 假设
结果		平稳

4. 误差修正模型分析

根据协整理论，若变量间存在协整关系，则可以用 ECM 模型对短期波动和长期均衡进行直接描述（Liu *et al.*，2005）。由于变量 LNCE 和 LNGDP 存在协整关系，因此，可建立 ECM 方程进行回归，其回归结果见公式（2.11）。

$$DLNCE_t = -0.026 + 0.381DLNCE_{t-1} + 0.855DLNGDP_t - 0.102ECM_{t-1}$$
$$(-1.463) \qquad (4.267) \qquad (6.007) \qquad (-2.406)$$
$$t = 1, 2, 3\cdots, T \tag{2.11}$$

在公式（2.10）的ECM模型中，其差分项反映了短期波动的影响，化石能源消费碳排放的短期变动可以分为两部分：一部分是短期GDP增长的拉动效应，另一部分是偏离长期均衡的影响，误差修正项系数大小反映了对偏离长期均衡的调整力度，系数估计值为-0.102，其解释意义为：当受到不确定因素的冲击后，碳排放与经济增长将偏离原来的均衡状态，这时经济系统短期内将以0.102的调整力度将非均衡状态拉回均衡状态，且属于负方向调整。这表明：尽管碳排放与经济增长间会出现短暂的偏离，但在长期内一定会趋近于均衡路径，而上期碳排放量的变化也会引起本期碳排放量相同方向的变化，弹性为0.381，反映了碳排放量参与作用的经济过程具有一定的延续性。

5. 脉冲响应函数分析

脉冲响应函数可以测量一个内生变量对误差冲击的反应，具体地说，它描述的是在随机误差项上施加一个标准差大小的冲击后对内生变量的当期值和未来值所带来的影响，基于VAR模型，脉冲响应函数可对变量之间的短期关系进行更为细致的刻画，揭示多个时间段内变量相互作用的动态变化。下面本书利用脉冲响应函数对我国化石能源消费碳排放量与经济增长之间的短期动态关系进行分析，见图2.11，图中横轴表示冲击作用的滞后期数，本书选择20期，纵轴表示脉冲响应函数值，代表冲击造成的反应。图中的实线为脉冲响应函数值随时间的变化路径，两侧虚线为响应函数值加、减1倍标准差的置信带。

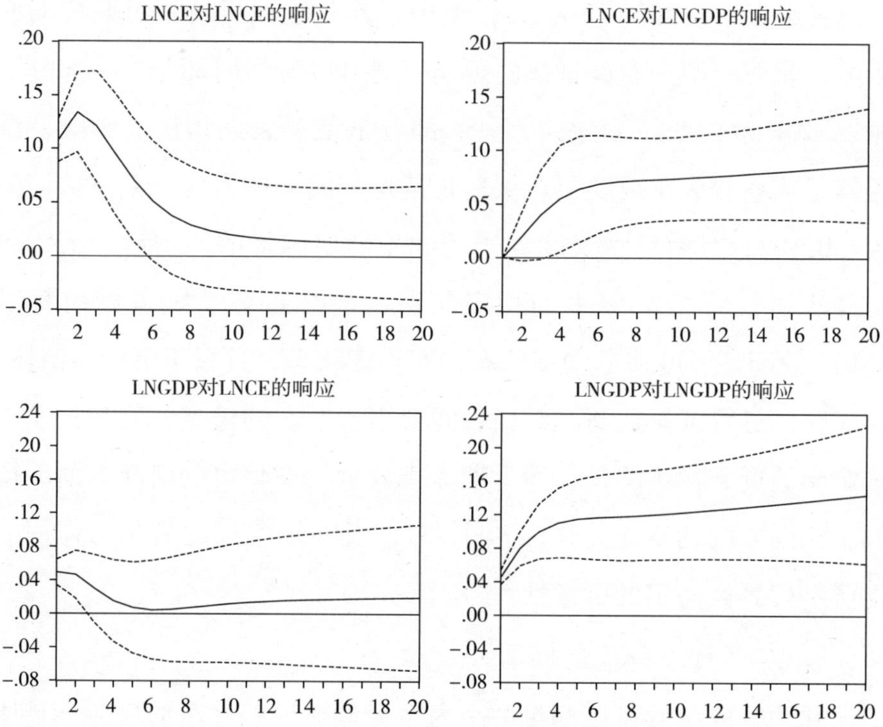

图 2.11　基于 VAR 模型的脉冲响应函数图

在左上图中，LNCE 对其自身的一个标准差新息立即做出了响应，在第一期，这种响应值约为 0.11，之后开始上升，至第二期达到最高值约为 0.13，之后这种影响剧烈下降，至第 12 期后基本保持稳定不变，说明 LNCE 对自身的扰动冲击影响的时间较长，直到 20 期后这种影响仍在持续。在右上图中，LNCE 对 LNGDP 的冲击并没有立即做出反应，LNCE 在第一期的响应值等于 0，在第 6 期，LNCE 对 LNGDP 做出的响应值达到最大，约为 0.06，之后基本维持缓慢上升的态势，这表明 LNGDP 对 LNCE 有滞后的正向影响。在左下图中，LNGDP 对 LNCE 在第一期就立即做出了响应，响应值约为0.05，至第二期后响应值有所下降，在第六期响应值趋近于0，之后响应值又缓慢上升，但增幅不大。在右下图中，LNGDP对其自身的一个标准差新息在第一期的响应接近于0.05，在第四期达到最大约为0.1，之后呈平稳上升趋势。

6. 因果关系检验

本书选择适当的滞后期对变量进行Granger因果关系检验，在滞后期为2、3、4的情形下分别对两个原假设进行分析，见表2.5。对于第一个原假设：化石能源消费碳排放不是经济增长的Granger原因，在上述所有滞后期情形下，在1%的显著性水平上，结论均为拒绝原假设，可解释为：化石能源消费碳排放是经济增长的Granger原因。对于第二个原假设：经济增长不是化石能源消费碳排放的Granger原因，在上述所有滞后期情形下，在1%的显著性水平上，结论均为不能拒绝原假设，可解释为：经济增长不是化石能源消费碳排放的Granger原因。综上，总的结论为：从1953～2011年，化石能源消费碳排放与经济增长之间存在单向因果关系，我国的经济增长是以大量的碳排放消耗为前提的。

表2.5　Granger因果关系检验结果

<table>
<tr><th>原假设</th><th>滞后期</th><th>观测值</th><th>t统计量</th><th>相伴概率</th></tr>
<tr><td>DLNCE does not Granger Cause DLNGDP
（化石能源消费碳排放不是经济增长的格兰杰原因）</td><td rowspan="2">2</td><td rowspan="2">55</td><td>6.0599</td><td>0.0044</td></tr>
<tr><td>DLNGDP does not Granger Cause DLNCE
（经济增长不是化石能源消费碳排放的格兰杰原因）</td><td>0.6584</td><td>0.5221</td></tr>
<tr><td>DLNCE does not Granger Cause DLNGDP
（化石能源消费碳排放不是经济增长的格兰杰原因）</td><td rowspan="2">3</td><td rowspan="2">54</td><td>6.9841</td><td>0.0006</td></tr>
<tr><td>DLNGDP does not Granger Cause DLNCE
（经济增长不是化石能源消费碳排放的格兰杰原因）</td><td>0.9185</td><td>0.4392</td></tr>
</table>

续表

原假设	滞后期	观测值	t 统计量	相伴概率
DLNCE does not Granger Cause DLNGDP（化石能源消费碳排放不是经济增长的格兰杰原因）	4	53	5.1740	0.0017
DLNGDP does not Granger Cause DLNCE（经济增长不是化石能源消费碳排放的格兰杰原因）			0.2814	0.8885

（四）结论与分析

1. 基于协整检验的结论

本书所做的协整检验表明：从 1953 ~ 2010 年，中国化石能源消费碳排放总量与经济增长总量两序列均不平稳，但对其进行一阶差分后序列都显示平稳，且均为一阶单整序列，进行普通最小二乘法回归后，残差在 1%、5% 和 10% 的显著性水平下都平稳，说明碳排放总量与经济增长总量之间存在协整关系，即长期均衡关系，这与牛叔文等使用面板数据协整检验得出的结论一致（牛叔文等，2010b）。由二变量所建的协整方程表明：在长期均衡关系中，GDP 对化石能源消费碳排放增长的贡献弹性是 0.719，即 GDP 每升高 1%，碳排放总量会上升 0.719%，说明自 1953 ~ 2010 年以来，我国的经济增长是以化石能源高碳排放为驱动力的。由于碳排放与经济增长具有长期均衡的协整关系，经济系统无论在短期内如何变化，在长期仍趋于均衡。

2. 基于 ECM 模型分析的结论

由中国化石能源消费碳排放总量与经济增长总量二变量建立的 ECM 模型显示：经济系统在短期内有时会偏离长期均衡状态，但其自身的力量会进行负方向调整，使其重新回到均衡状态，由回归系数的绝对值可以看出上期误差0.102对碳排放总量的调整力度较大，而上期碳排放量的增加也会引起本期碳排放量的正向变化，其作用弹性为0.381，影响程度较大。

3. 基于脉冲响应函数分析的结论

本书利用基于VAR模型的脉冲响应函数，对我国化石能源消费碳排放量与经济增长之间的短期动态关系进行了进一步的分析，其随时间变化的波形和响应值表明：二者之间具有复杂的互动关系。其中，LCE对LGDP的影响在第一期就立即显现，其响应值在第二期后有所下降，在第六期响应值趋近于0，之后又缓慢上升至平稳；而LGDP对LCE有滞后的正向影响，在第四期响应值达到最大后保持稳定。

4. 基于Granger因果关系检验的结论

本书所做的Granger因果关系检验表明：从1953～2010年，中国存在着从化石能源消费碳排放到经济增长的单向因果关系，化石能源消费碳排放是经济增长的Granger原因，经济增长不是化石能源消费碳排放的Granger原因，这与徐广月使用面板数据因果关系检验得出的碳排放与经济增长在长期内具有单向因果关系的结论一致（许广月，2010b）。这意味着我国的经济增长方式仍然偏向粗放型，高碳排放推动了经济增长，而实现经济增长并没有必然导致显著的碳排放增加。

（五）政策建议

中国存在着从化石能源消费碳排放到经济增长的单向因果关

系，说明碳减排会对经济增长带来不利影响，因此，实施低碳政策要考虑经济增长和碳减排的综合平衡；中国不存在从经济增长到碳排放的单向因果关系。这种因果关系是从预测角度来解释的，说明经济增长不会必然导致碳排放的增加，低碳经济模式是可以实现经济可持续增长的，也说明我国以往的能源政策包括淘汰落后产能、推进新能源产业发展等对推动低碳经济发挥了重要作用。从协整方程和 ECM 模型的系数中可以看出：GDP 增长中有相当一部分依赖高碳排放推动，未来碳减排形势不容乐观但潜力较大，以上结论是对我国过去 58 年实证研究整体状况的反映。今后我国的政策导向应是：继续大力推进节能减排，降低能源强度，全方位实施低碳经济，提高经济的发展质量。

五、本章小结

本章主要进行了两项工作，分别为指标测度和模型分析。采用表征碳排放要素的三个指标：碳排放总量、人均碳排放量和碳强度，首先，分别测算了中国 1953 ~ 2011 年上述三个指标的量及增长率，研究其总量和变动规律。其次，运用计量经济学方法研究了中国化石能源消费碳排放时空格局的演变机理。最后，得出以下基本判断。

1. 指标测度

从 1953 ~ 2011 年，中国碳排放总量经历了三个阶段的发展，分别为 1953 ~1977 年的起伏波动阶段，1978 ~2000 年的平稳上升阶段，2001 ~2011 年的快速增长阶段。相应地，碳排放总量年增长率在 1953 ~1977 波动剧烈、在 1978 ~2000 年波动较为平缓，这两个阶段与碳排放总量的变动规律基本一致，在 2001 ~2011 年则经历了先上升后下降又上升的过程。在 2008 年的世界碳排放总量前 10 名国家中，中国已跃居世界第一，碳排放规模远远高于其他国家。

在分品种能源消费产生的碳排放量及所占份额计算中，从 1953 ~2011 年，煤炭消费产生的碳排放量均占据了绝对份额，石油、天然气消费产生的碳排放量基本呈逐年缓慢增加态势但所占比例较低，我国以煤炭为主的消费结构是导致我国碳排放总量居高不下的重要原因。在 1953 ~2011 年大部分时间段内，我国人均碳排放量呈波动上升趋势，人均碳排放量与人均 GDP 关系比较密切，通过一元二次方程可以较好地表征二者之间的关系。对于碳强度，1978 年之后，碳强度基本呈大幅下降趋势，2011 年降至历史最低水平，说明我国的节能减排政策发挥了一定作用。

2. 模型分析

本书运用计量经济学方法建立了碳排放总量和国内生产总值的时序计量经济模型，通过 GDP 对碳排放的影响来分析碳排放时空格局的变化机理。模型包括：协整检验、误差修正模型、基于 VAR 模型的脉冲响应函数、因果关系检验，结果表明：碳排放总量与 GDP 的协整方程和 ECM 模型可以简单表征二者之间的长短期均衡关系。其经济意义可解释为：

（1）从 1953 ~ 2010 年，我国的化石能源消费碳排放总量和 GDP 之间存在长期均衡的协整关系和短期动态调整机制，经济系统在短期内的变化可以自动进行调节，最终实现二者之间的长期均衡。当期 GDP 对碳排放总量的当期波动有显著性影响，每增加 1% 的 GDP 便会增加 0.719% 的碳排放量，上期误差对碳排放总量的当期波动调整幅度较大，单位调整比例为 -0.102。通过脉冲响应函数波形图，对碳排放总量与经济增长之间的影响及响应进行了 20 期的详细刻画，揭示了二者之间复杂的短期动态关系。

（2）从 1953 ~ 2010 年，存在从碳排放总量到 GDP 的单向 Granger 因果关系，碳排放是经济增长的 Granger 原因，而经济增长不是碳排放的 Granger 原因，说明从过去 58 年的整体状况来看，高碳排放推动了经济增长，而经济增长并未导致明显的碳排放增加。

第三章 基于区域尺度的碳减排格局、机理及路径研究

本章的研究思路基本围绕东、中、西、东北四大区域而展开，在此基础上进行了碳排放的时空格局及演变机理研究，通过探索区域碳排放的发展差异及规律，提出相应的政策建议。

一、研究区界定

区域划分是制定区域政策的一项基础性工作，目前，我国已有多个区划方案，如东、中、西部三大区域的划分，东、中、西、东北部四大区域的划分等。本书采用后者的区划方法，即将全国划分为东部、中部、西部、东北四大地区，见图 3.1。四大地区分别包括 31 个省（自治区、直辖市），不含港澳台地区，因西藏地区碳排放数据无法获取，因此研究对象包括除西藏外的 30 个行政单元。具体划分见表 3.1。

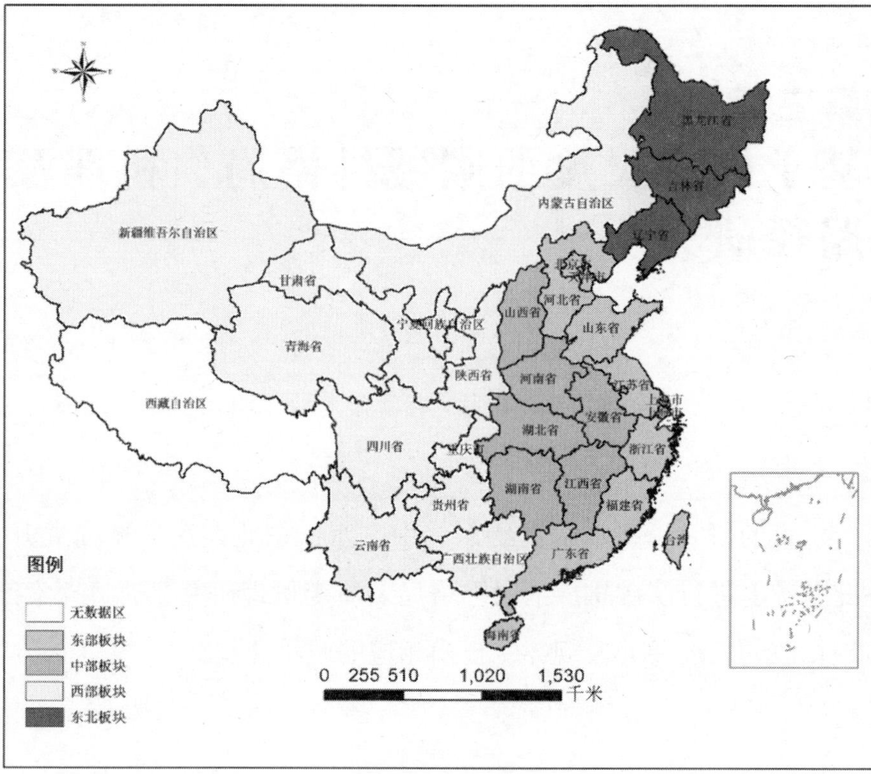

图 3.1 中国四大地区分区图

表 3.1 中国综合区划方案

四大地区名称	包含省份（自治区、直辖市）个数（个）	包含省份名称
东部	10	北京、天津、河北、上海、江苏、浙江、福建、山东、广东、海南
中部	6	山西、安徽、江西、河南、湖北、湖南
西部	12	内蒙古、广西、重庆、四川、贵州、云南、西藏、陕西、甘肃、青海、宁夏、新疆
东北	3	辽宁、吉林、黑龙江

二、四大地区碳排放基本格局刻画

（一）碳排放总量格局分析

在1980~2011年的主要年份中，四大地区碳排放总量格局见图3.2、图3.3。

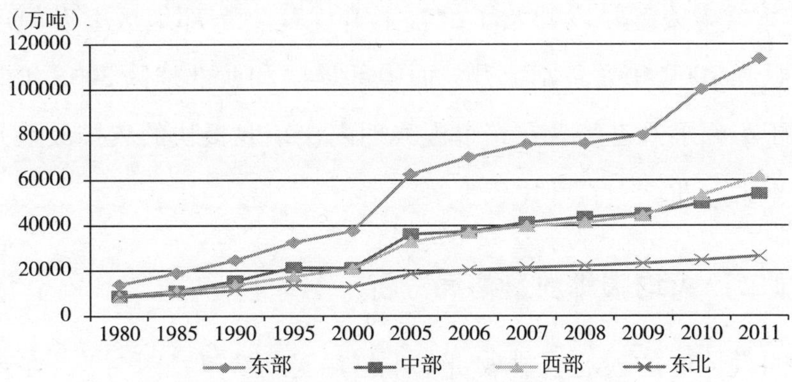

图3.2　主要年份四大地区碳排放总量趋势图

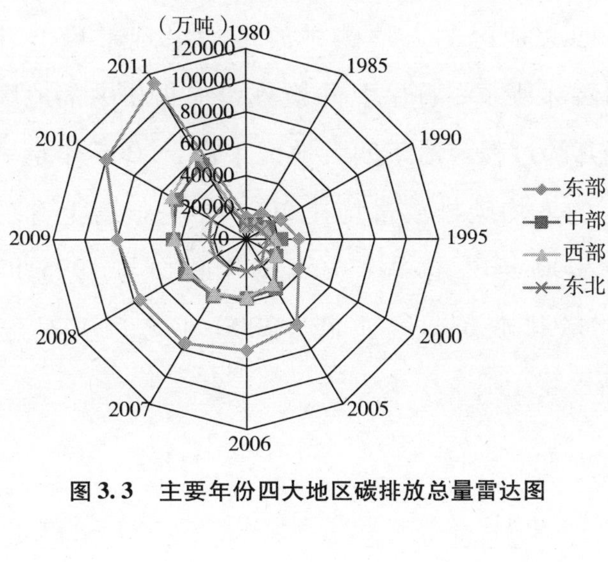

图3.3　主要年份四大地区碳排放总量雷达图

从总量角度分析，东部地区一直是四大地区中碳排放总量最多的地区，从 1980 ~ 2009 年，中部地区和西部地区互有高低，在 2009 年后，西部地区碳排放总量略高于中部地区，东北地区相对于其他地区，其碳排放总量总体较低。

从变量角度分析，在 2000 年之前，四大地区的碳排放总量差异不大，总体呈上升态势，在 2000 年之后，其上升幅度差异较大，东部、中部、西部三大地区的碳排放整体走向基本都是在 2000 ~ 2005 年这个关键时段开始了大幅上升，其中东部地区上升幅度最大，且在 2009 年后急剧上升，而中部地区和西部地区 2005 年后基本处于小幅上升态势，在整个观察期内，东北板块的碳排放上升幅度均不大，曲线一直都比较平缓。

（二）人均碳排放量格局分析

四大地区的人均碳排放量基本格局见图 3.4、图 3.5，在观察期内，其基本呈上升走势，在 1980 ~ 1995 年以及 2005 ~ 2009 年两个时段，四大地区的人均碳排放量均呈现平稳上升态势，其中，东部和西部地区一直呈上升趋势，东北和中部地区则经历了先下降后上升的过程。对于四大地区来说，2005 年是一个转折点年，2005 年的人均碳排放量均比 2000 年有显著上升。对于东北地区来说，2000 年又是一个关键的年份，与 1995 年相比，其 2000 年人均碳排放量显著下降，2000 年之后又迅速上升，至 2005 年开始平稳上升。

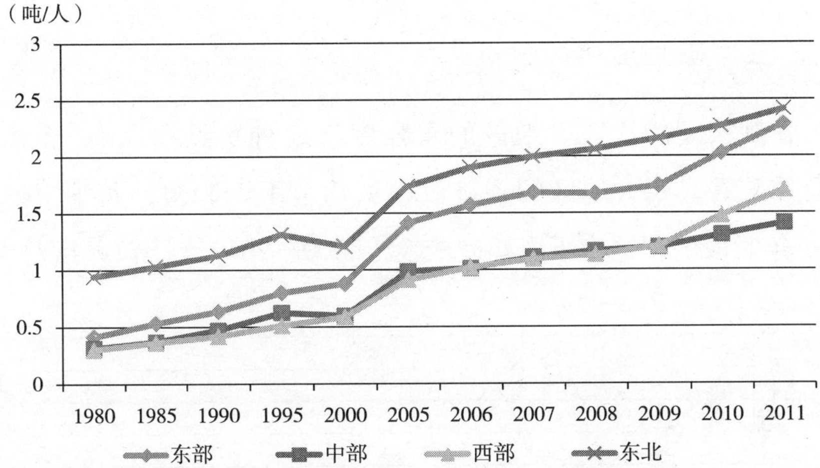

图 3.4　主要年份四大地区人均碳排放量趋势图

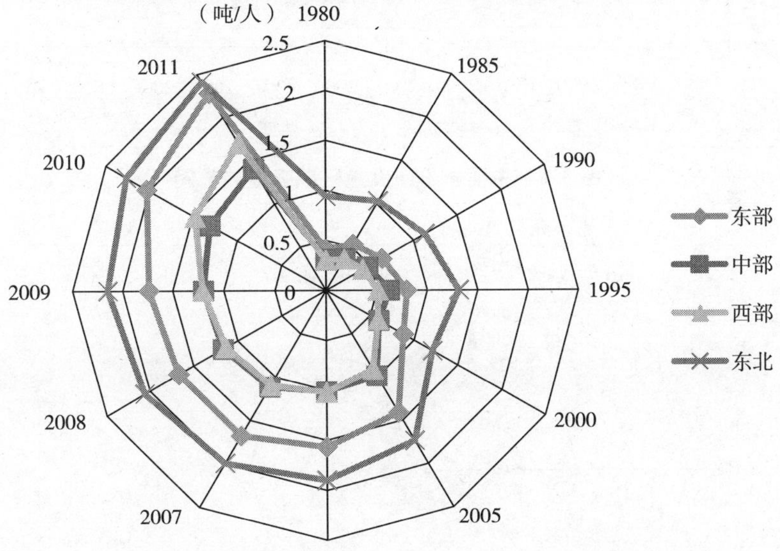

图 3.5　主要年份四大地区人均碳排放量雷达图

（三）碳强度格局分析

在观察期内，四大地区的碳强度格局分析见图 3.6、图 3.7。从总体来看，四大地区的碳排放强度均呈下降趋势，其中 1980 ~ 2000 年时段的碳强度下降幅度较大，2000 ~ 2011 年下降幅度趋缓，

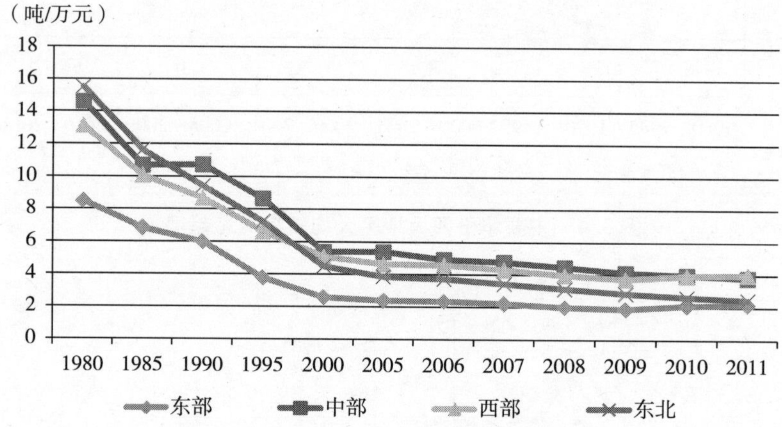

图 3.6 主要年份四大地区碳强度趋势图

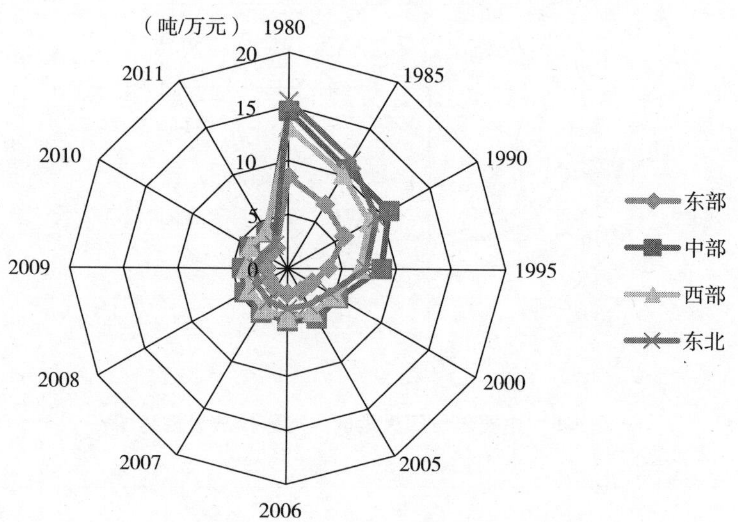

图 3.7 主要年份四大地区碳强度雷达图

东部地区碳强度在历年均为最低，说明我国东部地区的单位产值碳消耗保持了较低的水平，其他三个地区碳强度互有高低，这和东部地区 GDP 相对较高有一定关系。

三、四大地区碳排放的影响因素及演变机理——基于面板数据模型的研究

本节的研究目的是分析中国化石能源消费碳排放的客观影响因素，这些因素并非均衡地影响着碳排放，其作用程度可能随着时间变化而强弱不均，而且在不同地区，其影响程度也不尽相同，为此，本书以中国大陆地区各省的相关数据为基础，选取了主要的客观影响因素形成解释变量，建立了 5 个地区固定效应影响的面板计量经济模型，5 个地区分别为全国、东部地区、中部地区、西部地区和东北地区，模型年份跨越 22 个时段，模型个体因各区域模型不同而异，通过分析各区域影响因素的贡献程度，提出相应的政策建议。

（一）面板数据模型定义及原理

面板数据（Panel Data）是指同时含有横向（横截面）和纵向（时间序列）的样本数据，我们把这种在面板数据基础上建立的计量经济模型，称为面板数据模型。

设 y_{it} 为被解释变量在横截面 i 时间 t 上的数值；x_{jit} 为第 j 个解释变量在横截面 i 和时间 t 上的数值；μ_{it} 为第 i 截面上时间 t 下的随

机扰动项，满足零均值期望和同方差；β_{ji} 为第 i 横截面上的第 j 个解释变量的模型参数；α_i 为截距项，代表第 i 横截面（第 i 个体的影响）；解释变量数为 j = 1，2，…K；截面数为 i = 1，2，…N；时间长度为 t = 1，2，…T，则单方程面板数据模型的一般形式可写成：

$$y_{it} = \alpha_i + \beta_{1i}x_{1it} + \beta_{2i}x_{2it} + \ldots + \beta_{ki}x_{kit} + u_{it}$$

$$i = 1,2,\ldots,N; t = 1,2,\ldots,T \tag{3.1}$$

若记 $x_{it} = (x_{1it}, x_{2it}, \ldots, x_{kit})$，$\beta_i = (\beta_{1i}, \beta_{2i}, \ldots, \beta_{ki})$

则上式也可写成：

$$y_{it} = \alpha_i + x_{it}\beta_i + u_{it}, \quad i = 1,2,\ldots,N; t = 1,2,\ldots,T \tag{3.2}$$

在利用面板数据建模时，一般先建立随机效应模型，然后检验该模型是否满足个体影响与解释变量不相关的假设，如果满足不相关的假设，则将模型设定为随机效应模型，否则设定为固定效应模型。

（二）模型构建及变量选取

本书分别对全国、东部、中部、西部和东北地区建立五个面板模型，观察期选择为 1990 ~ 2011 年共计 22 年，采用 Eviews 6.0 软件对数据进行处理和建模。

本书所选取的相关数据包括全国各省的能源消费总量、煤炭消费量、石油消费量、地区生产总值、工业增加值、第三产业增加值、人口总数等。通过以上数据找出影响碳排放总量的关键指标作为解释变量，分别从以下几个方面来尽量全面地反映碳排放的影响，解释变量包括表征能源消费结构、经济发展水平、产业结构、人口规模、城镇化水平和技术进步的指标，它们可能对碳排放有正向或负向的作用，其具体说明见表 3.2。

表 3.2　面板模型所选变量说明

代表符号	变量名称	变量单位	变量说明	预期影响方向
CE	碳排放总量	万吨	被解释变量	
COA	煤炭消费占能源消费总量的比重	%	解释变量，表征能源消费结构	正向
OIL	石油消费占能源消费总量的比重	%	解释变量，表征能源消费结构	不确定
GPC	人均 GDP	元/人	解释变量，表征经济发展水平及富裕程度	正向
IND	工业比重	%	解释变量，表征产业结构	正向
TER	第三产业比重	%	解释变量，表征产业结构	不确定
POP	年末总人口	万人	解释变量，表征人口规模	不确定
URB	城镇人口比重	%	解释变量，表征城镇化水平	不确定
THP	能源利用效率	万元/吨标准煤	解释变量，表征技术进步	负向

（三）实证分析与估计过程

1. 模型的检验及选择

对同一参数的两个估计量差异的显著性检验称作 Hausman 检验，该检验的原假设与备择假设为，H_0：个体效应与回归变量无关（个体随机效应模型），H_1：个体效应与回归变量相关（个体固定效应模型）。

根据对个体影响处理形式的不同，可以用 Huasman 检验个体影响与解释变量之间是否相关，如果拒绝原假设，选择个体固定效应模型较合理，否则选择个体随机效应模型较合理。本书首先针对五个地区的面板数据建立个体随机效应模型，通过 Huasman 检验，发现在 1% 的显著性水平下，五个模型检验统计量均得出拒绝原假设的结论，因此五个地区均选用固定效应模型进行建模。

2. 模型的建立

本书将碳排放总量作为被解释变量，解释变量包括 8 个，建立包含所有变量的面板数据模型见公式（3.3）。

$$\begin{aligned} LCE_{it} &= C + \beta_1 LCOA_{it} + \beta_2 LOIL_{it} + \beta_3 LGPC_{it} + \beta_4 LIND_{it} \\ &\quad + \beta_5 LTER_{it} + \beta_6 LPOP_{it} + \beta_7 LURB_{it} + \beta_8 LTHP_{it} + \alpha_i + u_{it} \\ &\quad i=1,\ 2,\ \cdots,\ N;\ t=1,\ 2,\ \cdots,\ T \end{aligned} \tag{3.3}$$

模型中 N 表示个体截面成员的个数，T 表示每个截面成员的观测时期总数，这里考虑了 8 个变量在 N 个省份及 T 个时间点上的变动关系，一般对变量取对数处理，LCE_{it}、$LCOA_{it}$、$LOIL_{it}$、$LGPC_{it}$、$LIND_{it}$、$LTER_{it}$、$LPOP_{it}$、$LURB_{it}$、$LTHP_{it}$分别表示第 i 省份第 t 时期的变量，它们分别是取对数后的碳排放总量、煤炭消费占比、石油消费占比、人均 GDP、工业比重、第三产业比重、年末总人口、城镇人口比重、能源利用效率。C 为模型的常数项、α_i 为不同省份的截距项，β_1、β_2、β_3、β_4、β_5、β_6、β_7、β_8 表示各影响因素对应的系数项，μ_{it}为随机误差项且相互独立。

本书分别针对 5 个区域建立面板模型，包括全国、东部、中部、西部和东北的模型，对每个地区，通过尝试不同的变量组合，分别建立 4 个回归模型，具体如下。模型 1：被解释变量为 LCE，解释变量为不包括变量 LIND、LTER 和 LPOP 的所有其他变量。模型 2：被解释变量为 LCE，解释变量为不包括变量 LPOP 的所有其他变量。模型 3：被解释变量为 LCE，解释变量为不包括变量 LCOA、LOIL、LPOP 的所有其他变量。模型 4：被解释变量为 LCE，解释变量包括全部变量。

（四）估计结果分析

1. 模型回归结果

通过回归，本书得出了 5 个区域碳排放总量影响因素的面板模型，包括全国、东部、中部、西部和东北，每个地区又包括 4 个模型，分别选用了不同的解释变量，见表 3.3 ~ 表 3.7。

表 3.3　全国碳排放总量影响因素回归模型

系数项	模型 1	模型 2	模型 3	模型 4
β_1	0.240***	0.244**		0.265***
	(5.235)	(5.313)		(5.640)
β_2	0.084**	0.090*		0.096***
	(3.088)	(3.303)		(3.461)
β_3	0.812***	0.778***	0.772**	0.747**
	(61.743)	(43.140)	(39.897)	(31.969)
β_4		0.212**	0.380***	0.246**
		(2.728)	(4.741)	(3.099)
β_5		0.196**	0.427	0.184
		(2.070)	(4.565)	(1.945)
β_6				0.375***

续表

系数项	模型 1	模型 2	模型 3	模型 4
				(2.211)
β_7	0.009	0.002	0.117**	0.015
	(0.309)	(0.061)	(−4.487)	(0.535)
β_8	−1.053***	−1.028**	−1.025***	−1.007***
	(−27.992)	(−23.976)	(−23.067)	(−22.514)
C	−1.020*	−0.265*	−0.232**	−2.932**
	(−5.329)	(−0.793)	(−0.619)	(−2.346)
N	660	660	660	660
R^2	0.960	0.880	0.982	0.983

注：*、**、*** 分别表示在10%、5%和1%的显著性水平下显著，括号内为t值，C表示常数项，N表示观测值数量。

表 3.4　　东部地区碳排放总量影响因素回归模型

系数项	模型 1	模型 2	模型 3	模型 4
β_1	0.036*	0.073		0.091
	(0.513)	(1.013)		(1.130)
β_2	0.312*	0.308***		0.305***
	(4.535)	(4.461)		(4.440)
β_3	0.692***	0.669**	0.674***	0.659***
	(18.092)	(16.373)	(15.644)	(14.360)
β_4		0.175**	0.178***	0.217**
		(1.218)	(1.198)	(1.305)
β_5		0.413**	0.470	0.440
		(1.996)	(2.251)	(2.055)
β_6				0.140**
				(0.506)
β_7	0.400	0.381**	0.335*	0.375***
	(5.683)	(5.128)	(4.324)	(4.982)
β_8	−0.975***	−1.017**	−0.992*	−1.012***
	(11.881)	(−11.333)	(−10.521)	(−11.208)

续表

系数项	模型 1	模型 2	模型 3	模型 4
C	1. 144 **	1. 818 ***	1. 314 *	0. 842 **
	(2. 103)	(2. 633)	(1. 858)	(0. 411)
N	220	220	220	220
R^2	0. 965	0. 988	0. 975	0. 991

注：*、**、*** 分别表示在 10%、5% 和 1% 的显著性水平下显著，括号内为 t 值，C 表示常数项，N 表示观测值数量。

表 3.5　　中部地区碳排放总量影响因素回归模型

系数项	模型 1	模型 2	模型 3	模型 4
β_1	0. 442 ***	0. 456 **		0. 453 ***
	(4. 691)	(5. 109)		(5. 079)
β_2	0. 014	0. 026		0. 016
	(0. 377)	(0. 713)		(0. 433)
β_3	0. 817 ***	0. 716 **	0. 741 ***	0. 689 **
	(33. 132)	(22. 615)	(21. 064)	(17. 172)
β_4		0. 548 ***	0. 601 **	0. 553 ***
		(4. 168)	(4. 040)	(4. 207)
β_5		0. 153 *	0. 283 **	0. 130
		(1. 256)	(2. 122)	(1. 059)
β_6				0. 991 ***
				(1. 127)
β_7	0. 360 ***	0. 645	0. 453 ***	0. 395 ***
	(-7. 000)	(-7. 712)	(-8. 198)	(-7. 890)
β_8	-0. 783 ***	-0. 384 ***	-0. 711 **	-0. 702 ***
	(-10. 059)	(-7. 815)	(-8. 667)	(7. 184)
C	-0. 865 **	1. 024 **	0. 563	-7. 316 **
	(-2. 489)	(1. 892)	(0. 910)	(-0. 987)
N	132	132	132	132
R^2	0. 969	0. 883	0. 920	0. 997

注：*、**、*** 分别表示在 10%、5% 和 1% 的显著性水平下显著，括号内为 t 值，C 表示常数项，N 表示观测值数量。

表 3.6　西部地区碳排放总量影响因素回归模型

系数项	模型 1	模型 2	模型 3	模型 4
β1	0.552***	0.552**		0.548***
	(8.528)	(8.239)		(8.207)
β2	0.111*	0.094**		0.114**
	(3.483)	(2.615)		(2.985)
β3	0.791***	0.788*	0.760**	0.757**
	(64.110)	(30.774)	(21.937)	(23.453)
β4		0.006	0.280***	0.002
		(0.048)	(1.669)	(0.012)
β5		0.129**	0.797	0.072
		(0.782)	(4.306)	(0.423)
β6				0.347
				(1.493)
β7	0.040***	0.039	0.139	0.018
	(−1.442)	(−1.364)	(−3.734)	(−0.554)
β8	−1.101***	−1.127**	−1.269*	−1.111***
	(−20.833)	(−19.147)	(−15.047)	(−18.641)
C	−1.262***	−1.181**	−0.913	−3.565***
	(−5.981)	(−2.174)	(−1.340)	(−2.115)
N	242	242	242	242
R^2	0.917	0.968	0.873	0.993

注：*、**、*** 分别表示在 10%、5% 和 1% 的显著性水平下显著，括号内为 t 值，C 表示常数项，N 表示观测值数量。

表 3.7　东北地区碳排放总量影响因素回归模型

系数项	模型 1	模型 2	模型 3	模型 4
β_1	1.870**	1.760**		1.650***
	(12.240)	(10.484)		(8.573)
β_2	0.374**	0.347***		0.333***
	(5.226)	(4.444)		(4.189)

续表

系数项	模型 1	模型 2	模型 3	模型 4
β_3	0.246*	0.233**	0.661***	0.333***
	(4.112)	(3.823)	(8.871)	(3.632)
β_4		0.310***	1.054***	0.345*
		(1.599)	(3.472)	(1.712)
β_5		0.087	0.325**	0.278
		(0.422)	(1.066)	(1.145)
β_6				2.271
				(−1.495)
β_7	1.051	1.052*		1.126
	(6.116)	(5.616)		(5.823)
β_8	−0.173*	−0.157**	−0.808***	−0.240*
	(−1.787)	(−1.325)	(−4.616)	(−1.843)
C	7.852***	8.277***	1.942**	25.891**
	(8.611)	(8.803)	(1.741)	(2.194)
N	66	66	66	66
R^2	0.986	0.878	0.955	0.987

注：*、**、*** 分别表示在10%、5%和1%的显著性水平下显著，括号内为t值，C表示常数项，N表示观测值数量。

2. 五个地区模型结果比较分析

在回归模型中，为了进行不同区域间的比较分析，经综合衡量，均采用模型4来分析碳排放总量的影响因素，因为各个区域所建的模型4回归效果相对较好，其t检验值比较显著，R^2也较高，表明解释变量对被解释变量具有较为显著的解释力，下面本书将五个地区模型的系数进行比较，进一步分析各解释变量对被解释变量——碳排放总量的影响程度，见表3.8。

表 3.8 五个地区面板模型的系数比较

系数项	全国	东部	中部	西部	东北
β_1	0.265***	0.091	0.453***	0.548***	1.650***
	(5.640)	(1.130)	(5.079)	(8.207)	(8.573)
β_2	0.096***	0.305***	0.016	0.114**	0.333***
	(3.461)	(4.440)	(0.433)	(2.985)	(4.189)
β_3	0.747**	0.659***	0.689**	0.757**	0.333***
	(31.969)	(14.360)	(17.172)	(23.453)	(3.632)
β_4	0.246**	0.217**	0.553***	0.002	0.345*
	(3.099)	(1.305)	(4.207)	(0.012)	(1.712)
β_5	0.184	0.440	0.130	0.072	0.278
	(1.945)	(2.055)	(1.059)	(0.423)	(1.145)
β_6	0.375***	0.140**	0.991***	0.347	2.271
	(2.211)	(0.506)	(1.127)	(1.493)	(−1.495)
β_7	0.015	0.375***	0.395***	0.018	1.126
	(0.535)	(4.982)	(−7.890)	(−0.554)	(5.823)
β_8	−1.007***	−1.012***	−0.702***	−1.111***	−0.240*
	(−22.514)	(−11.208)	(7.184)	(−18.641)	(−1.843)
C	−2.932**	0.842**	−7.316**	−3.565***	25.891**
	(−2.346)	(0.411)	(−0.987)	(−2.115)	(2.194)
N	660	220	132	242	66
R^2	0.983	0.991	0.997	0.993	0.987

注：*、**、*** 分别表示在10%、5%和1%的显著性水平下显著，括号内为t值，C表示常数项，N表示观测值数量。

（1）从煤炭消费对碳排放总量的影响来看，在全国、东部、中部、西部、东北地区，煤炭消费占能源消费总量的比重每升高1%，将引起碳排放总量相应增加0.265%、0.091%、0.453%、0.548%、1.650%，说明东北地区的煤炭消费占比对碳排放总量的影响程度最高，全国平均水平的煤炭消费占比对碳排放总量的影响程度最低（因东部地区的回归系数不显著，其系数仅可作为参考）。

（2）从石油消费对碳排放总量的影响来看，在全国、东部、中部、西部、东北地区，石油消费占能源消费总量的比重每升高1%，将引起碳排放总量相应增加0.096%、0.305%、0.016%、0.114%、0.333%，说明东北地区的石油消费占比对碳排放总量的影响程度最高，全国平均水平的石油消费占比对碳排放总量的影响程度最低（因中部地区的回归系数不显著，其系数仅可作为参考）。

（3）从人均GDP对碳排放总量的影响来看，所有地区的回归系数都很显著，因此可以在全国、东部、中部、西部、东北地区之间进行横向比较，当人均GDP每升高1%时，将引起碳排放总量相应增加0.747%、0.659%、0.689%、0.757%、0.333%，说明人均GDP对西部地区的碳排放总量作用最大，对东北地区作用最小。

（4）从工业比重对碳排放总量的影响来看，在全国、东部、中部、西部、东北地区，工业比重每升高1%，将引起碳排放总量相应增加0.246%、0.217%、0.553%、0.002%、0.345%，说明中部地区的工业比重对碳排放总量的影响程度最高，东部地区的工业比重对碳排放总量的影响程度最低（因西部地区的回归系数不显著，其系数仅可作为参考）。

（5）从第三产业比重对碳排放总量的影响来看，所有地区第三产业比重回归系数均不显著，所以无法用弹性进行解释。

（6）从人口规模对碳排放总量的影响来看，在全国、东部、中部、西部、东北地区，年末总人口每升高1%，将引起碳排放总量相应增加0.375%、0.140%、0.991%、0.347%、2.271%，说明中部地区的人口规模对碳排放总量的影响程度最高，东部地区的人口规模对碳排放总量的影响程度最低（因西部地区和东北地区的回归系数不显著，其系数仅可作为参考）。

（7）从城镇化水平对碳排放总量的影响来看，回归系数显著的有东部、中部地区，它们的城镇人口比重每升高1%，将引起碳排放总量相应增加0.375%、0.395%，作用程度基本相同。

（8）从技术进步对碳排放总量的影响来看，所有地区的回归系数都较为显著，技术进步用能源利用效率指标表征，因此可以认为：在全国、东部、中部、西部、东北地区，能源利用效率的比重每升高1%，将引起碳排放总量相应下降1.007%、1.012%、0.702%、1.111%、0.240%，说明西部地区的能源利用效率对碳排放总量的负向影响程度最高，东北地区的能源利用效率对碳排放总量的影响程度最低。

（五）减排路径设计

1. 总体情况分析

在全国、东部、中部、西部、东北5个区域面板模型中，从8个影响因素来看，表征负向作用的技术进步指标影响程度都较大，这说明技术进步对减排起到至关重要的作用。本书的技术进步指标是用能源效率来测算的，通过所收集的各省能源效率的数据，发现能效总体上是在提高的，今后，我国及各区域都需要加大力度促进能效提升，以进一步减缓碳排放的增长速度。在表征正向作用的指标中，相对于其他指标，人均GDP的影响程度都较大，说明在我国整体水平下及四大区域中，经济增长助推碳排放趋势明显，人均

GDP 作为经济指标，是一个国家富裕程度的标志，今后我国及各区域都需要进一步提高 GDP 的发展质量。

2. 分区域面板分析

（1）在全国层面，回归模型展示的是一个全国平均水平，在 8 个解释变量中，除技术进步和人均 GDP 外，对其碳排放总量影响较大的因素依次为：年末总人口、煤炭消费占能源消费总量的比重、工业比重。说明人口的增长会推高碳排放，我国以煤炭为主的能源消费结构依然是碳排放的主要来源，工业偏向高能耗型也是碳排放持续升高的一个主要原因。

（2）在东部地区，在 8 个解释变量中，除技术进步和人均 GDP 外，对其碳排放总量影响较大的因素依次为城镇人口比重、石油消费占能源消费总量的比重、工业比重。城镇人口比重表征城镇化水平，东部地区较高的城镇化率推动了碳排放的迅速增长，东部地区也是石油的主要消费区，石油对工业的支撑产生了大量的碳排放。

（3）在中部地区，在 8 个解释变量中，除技术进步和人均 GDP 外，对其碳排放总量影响较大的因素依次为年末总人口、工业比重、煤炭消费占能源消费总量的比重。中部地区的河南可视为 1 个典型案例，作为人口大省，碳减排的压力需要在控制人口方面多做努力，中部地区也是资源型产业密集区，以传统能源消费作为资源型产业的支撑，因此，调整产业结构，转变以煤炭为主的能源消费结构势在必行。

（4）在西部地区，在 8 个解释变量中，除技术进步和人均 GDP 外，对其碳排放总量影响较大的因素为煤炭消费占能源消费总量的比重，西部地区基本上属于欠发达资源富集区，以煤炭为主的能源消费结构是这些地区碳排放水平居高不下的重要原因。

（5）在东北地区，在8个解释变量中，对其碳排放总量影响较大的因素依次是：煤炭消费占能源消费总量的比重、工业比重、石油消费占能源消费总量的比重和人均GDP。与其他几个地区不同，人均GDP和技术进步要素并非是东北地区碳排放的最主要影响因素，最主要影响因素是煤炭消费占比，说明东北地区的老工业基地转型政策仍然需要加大力度继续推进。

（六）减排政策建议

在今后的碳减排工作中，需针对主要的影响因素进行重点关注，今后的减排任务大体应遵循如下原则：需要重点调整能源消费结构的地区包括全国、东部、中部、西部、东北；需要重点控制人口的地区包括全国、中部；需要重点调整产业结构的地区包括全国、东部、中部、东北；需要在推进城镇化的过程中重点关注碳排放对其带来负面影响的地区有东部。

煤炭占比偏高是我国高碳排放的重要原因，这个因素在全国、中部、西部、东北地区均有较大影响力度，东部地区由于石油、天然气的使用量在增长，抵消了一部分煤炭产生的碳排放。人口因素导致的碳排放量增高一般在人口密集区。产业结构不合理是我国大多数区域的普遍问题，其影响在全国、东部、中部、东北地区表现尤其明显。综上，应针对不同的区域，通过进一步调整能源消费结构，适度控制人口和调整产业结构来推进碳减排，其他影响因素由于回归系数不显著或作用程度不强，因此不能得出具有说服力的结论。

四、本章小结

本章以不同尺度的区域为研究对象，分别分析了我国四大地区的碳排放时空格局及其演变机理。首先，基于碳排放的三个重要指标分析了四大地区的碳排放变化特征。其次，本书试图找出碳排放的客观影响因素并衡量各种因素的作用程度，基于此目的，通过各种研究方法的比较，最终选择的方法为计量经济学的面板数据模型，数据指标的选取是影响面板模型效果的关键性因素。本书通过反复实验和筛选，最终确定了影响碳排放的 8 个主要客观因素，8 个因素分别反映了：经济发展水平、产业结构、能源消费结构、人口规模、城镇化水平和技术进步。本书搜集了各年份中国大陆地区各省的面板数据，建立了 5 个地区的固定效应面板计量经济模型。通过对每个地区 4 个模型的回归，结果发现：第一，5 个面板中同一个解释变量的影响程度都不尽相同，其中人均 GDP 在大部分区域面板中表现为正高值系数，技术进步表现为负高值系数，说明人均 GDP 的升高对推动碳排放增加具有显著的正向作用，技术进步具有显著的负向作用；第二、不同区域的碳排放影响因素不同，应针对主要影响因素加大力度进行调控。最后，基于上述研究对四大地区提出相应的碳减排政策建议。

第四章 基于省域尺度的碳减排格局、机理及路径研究

本书主要对省域（包括省、自治区、直辖市，简称为省，下同）单元的碳排放进行研究，在前两章研究的基础上，通过分析较小的区域单元——省域，揭示出微观尺度碳排放的机理和规律。其中，时空格局的研究包括三个指标的测算及分析，即省域碳排放总量、省域人均碳排放量、省域碳强度。演变机理的研究主要以省域碳排放总量作为基础数据，通过空间计量经济学的空间自相关方法，对全局空间自相关和局部空间自相关指数进行测算，根据结果总结各类空间集聚典型省份的碳排放演变机理。需要说明的是：本书的研究针对中国大陆的省份，不包括港澳台地区，其中海南在1988年建省并成为经济特区，重庆在1997年成为直辖市，所研究对象例如省份数量在不同年份会有变化。

一、碳排放总量格局分析

（一）中国省级碳排放类型区分类规则设定

根据第二章中国化石能源消费碳排放总量计算方法，计算出中

国大陆地区各省的碳排放总量数据，以此作为基础，根据其变化特征，参考张雷（2006；2010a；2010c）的分类方法，本书对中国大陆省区碳排放总量进行了初步分类，分为主类和亚类两个级别，主类共4个，分别为：超重度排放区、重度排放区、中度排放区和轻度排放区；亚类是在每个主类下细分的2个亚类，分别为I类排放区和II类排放区，其中在每个主类下，I类排放区排放规模都比II类排放区排放规模大，这样，主类和亚类组合共形成8类排放区，分别为超重度I类排放区、超重度II类排放区；重度I类排放区、重度II类排放区；中度I类排放区、中度II类排放区；轻度I类排放区、轻度II类排放区，各类排放区的碳排放规模用CE表示，即年碳排放量，见表4.1。

表4.1 中国省级碳排放类型区分类规则表

主类	亚类	碳排放规模CE取值范围
超重度排放区	I类排放区	(CE > 15000)
	II类排放区	(10000 < CE ≤ 15000)
重度排放区	I类排放区	(6000 < CE ≤ 10000)
	II类排放区	(3000 < CE ≤ 6000)
中度排放区	I类排放区	(2000 < CE ≤ 3000)
	II类排放区	(1000 < CE ≤ 2000)
轻度排放区	I类排放区	(500 < CE ≤ 1000)
	II类排放区	(CE ≤ 500)

（二）1980～2009年主要年份中国各省所属碳排放类型区时空格局变化

将1980～2009年主要年份的中国各省碳排放总量按照省级碳

排放类型区分类规则进行分区，将所有的省份所属类型区通过ArcGIS软件进行展现，可以看出各种类型区的演变规律，见图4.1，总体趋势是：我国各省碳排放规模基本都在上升，减排形势严峻，其中超重度和重度排放区所含省份数量基本在增加，轻度排放区所含省份数量基本在减少，中度排放区所含省份数量有增有减。

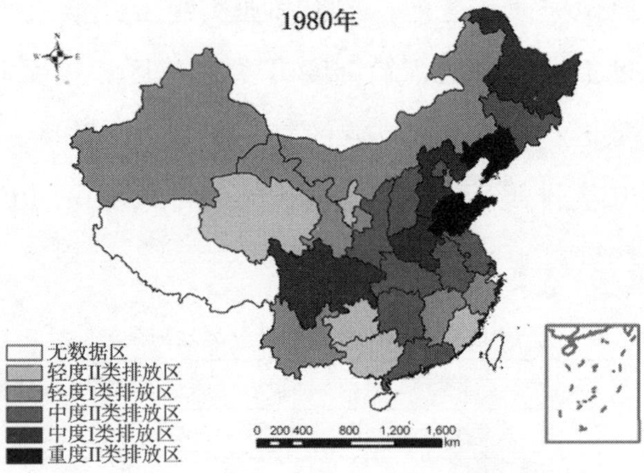

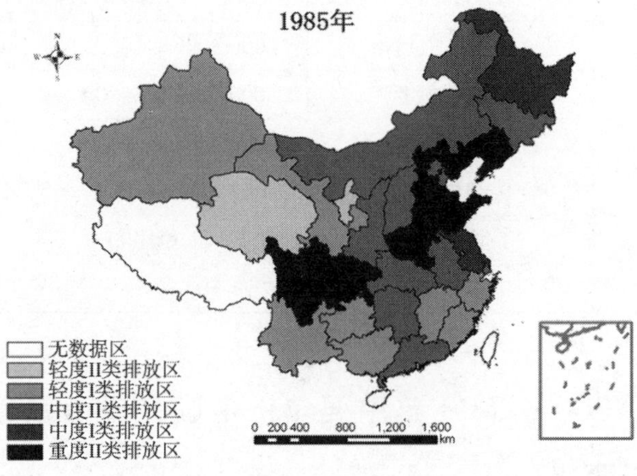

1990年

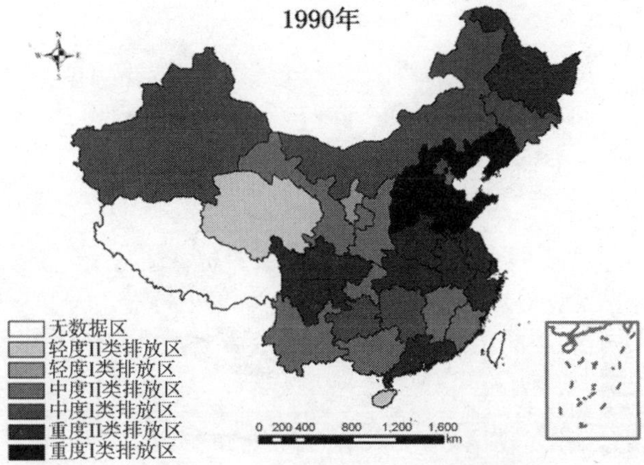

1995年

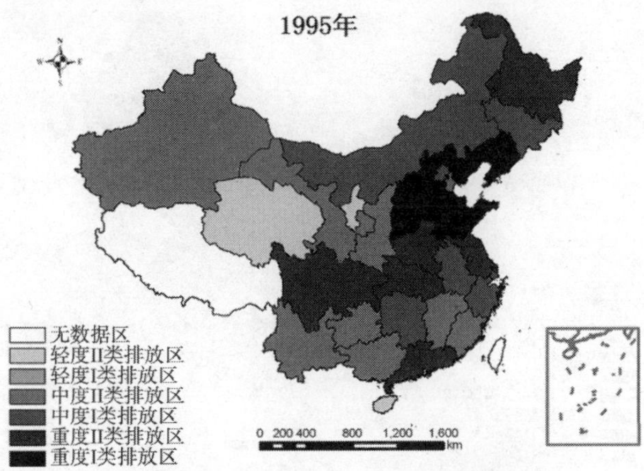

2000年

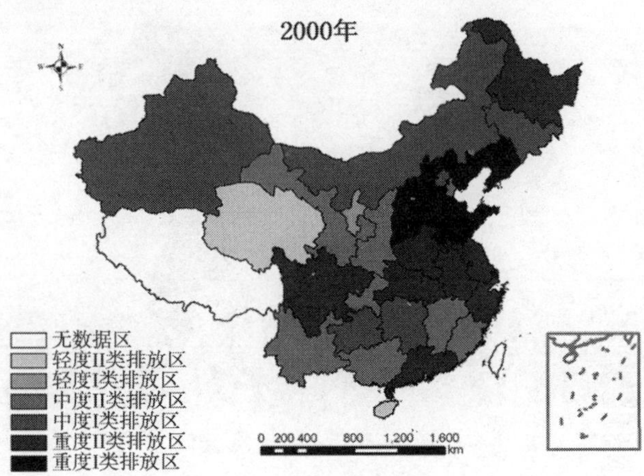

2005年

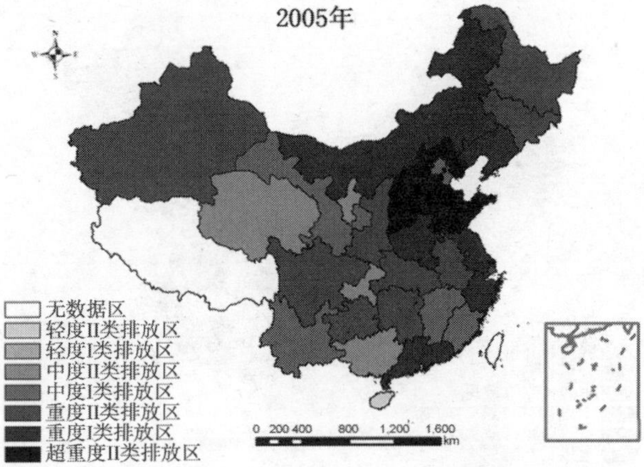

2006年

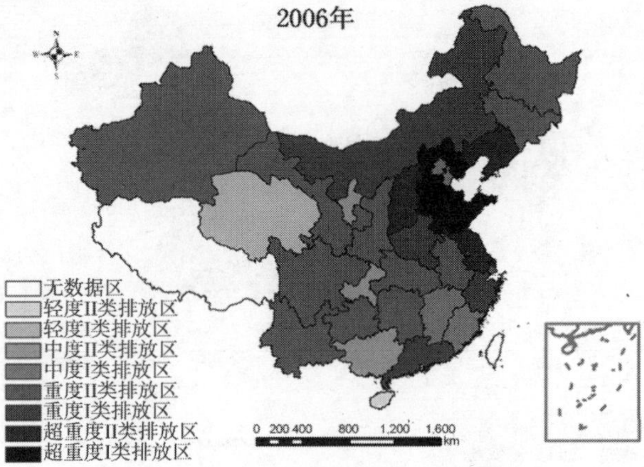

2007年

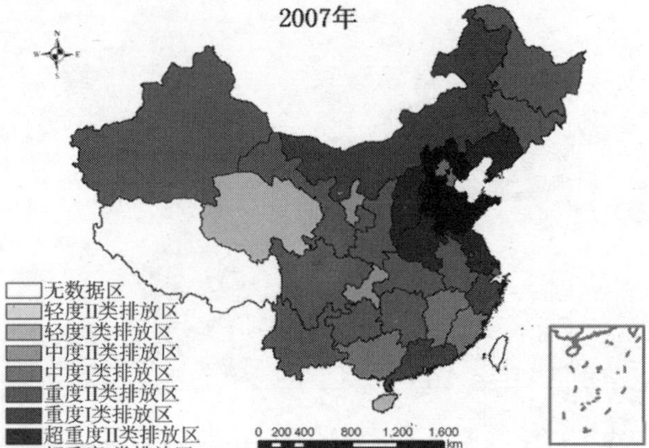

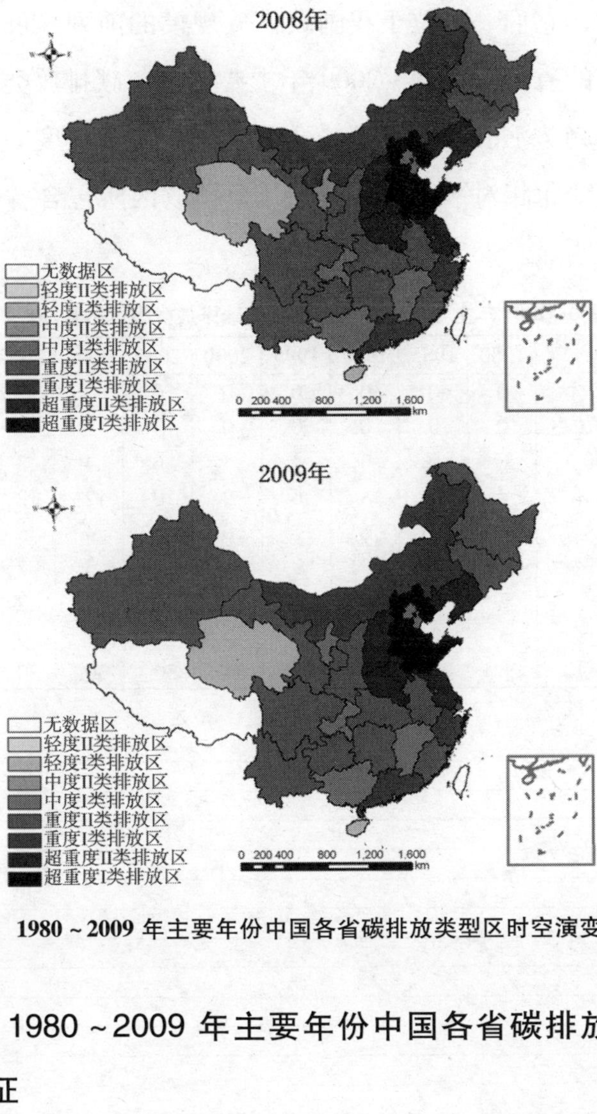

图 4.1　1980～2009 年主要年份中国各省碳排放类型区时空演变格局图

（三）1980～2009 年主要年份中国各省碳排放类型区数量演变特征

根据图 4.1，将不同年份中国各省归入所属的碳排放类型区后，各碳排放类型区所包含省份的数量及变化见表 4.2，在 1980～2000 年中的主要年份，没有省份列入超重度排放区，从 2005 年开始，有几个省先后列入超重度排放区，包括河北、山东、河南、江苏、辽宁和山西，它们一直位于我国碳排放规模的前列，可视为我国需要重点减排的省份。1980～2009 年主要年份各碳排放类型区所包含省份数量的趋势演变见图 4.2，可以看出，除了轻度 I 类排放区包含省份数量变化相对平缓外，其他几个排放区所包含省份的数量变化波动都较明显。

表 4.2　1980～2009 年主要年份中国各省所属碳排放类型区数量演变表　单位：个

	1980	1985	1990	1995	2000	2005	2006	2007	2008	2009
超重度 I 类排放区	0	0	0	0	0	0	2	2	2	2
超重度 II 类排放区	0	0	0	0	0	3	3	4	4	4
重度 I 类排放区	0	0	0	4	4	6	4	3	3	3
重度 II 类排放区	2	5	8	6	9	10	12	12	13	13
中度 I 类排放区	4	2	6	7	6	6	4	5	5	6
中度 II 类排放区	10	11	9	9	8	3	3	2	1	0
轻度 I 类排放区	7	8	3	0	1	1	1	2	2	2
轻度 II 类排放区	5	2	3	3	2	1	1	0	0	0
合计（省份数量）	28	28	29	29	30	30	30	30	30	30

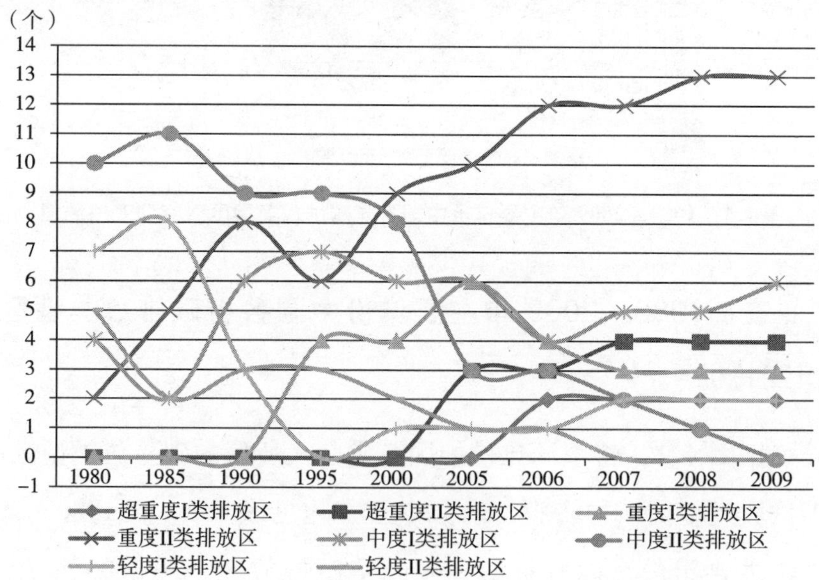

图 4.2　1980～2009 年主要年份各碳排放类型区包含省份数量趋势变化图

二、人均碳排放量格局分析

根据第二章中人均碳排放量的计算公式，对省域人均碳排放量进行计算，其时空格局见图4.3，可以发现如下规律：①在1980年，人均碳排放量在0~0.5（单位：吨/人，下同）的低值省份占据了我国大部分地区，之后逐步变少，在2006~2009年，只有广西1个省份；②属于0.5~1.5碳排放区间的省份，在1980年，只有天津、山东、山西、陕西，新疆和东北三省，到1985年和1990年，则覆盖了北方大部分地区，到1995年，几乎覆盖了中国2/3的国土面积，这样的情况一直持续到2000年；③2005年后，开始出现3.5~4.5的高值省份，其中2005~2007年只包括山西1省，2008~2009年，高值省份增加了内蒙古。

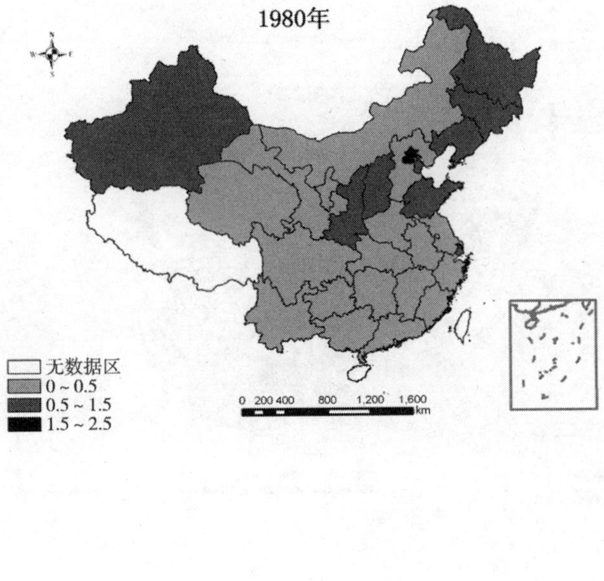

1985年

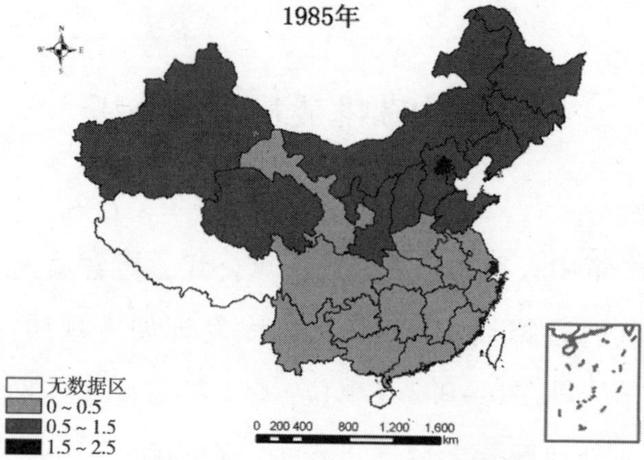

1990年

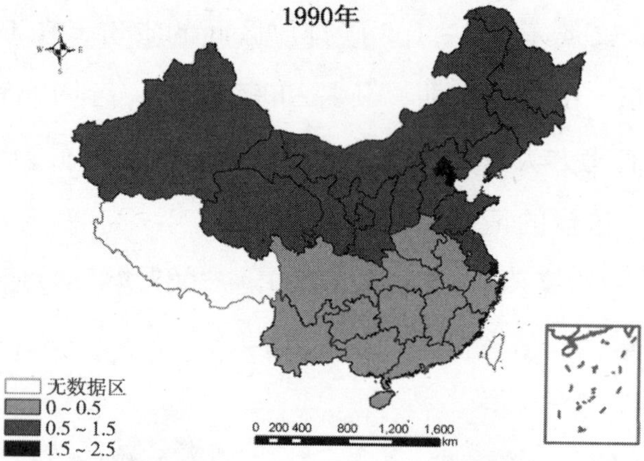

1995年

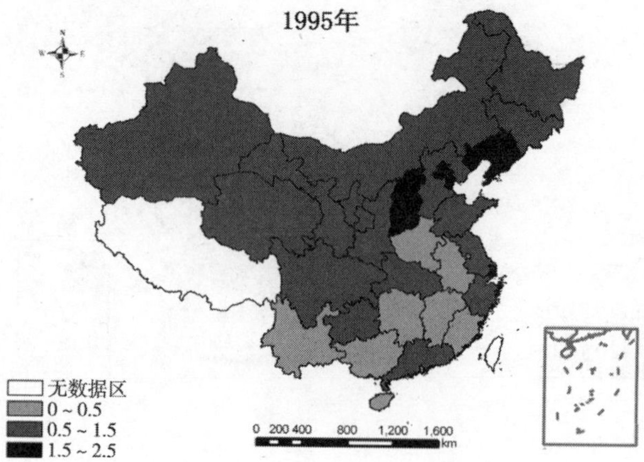

2000年

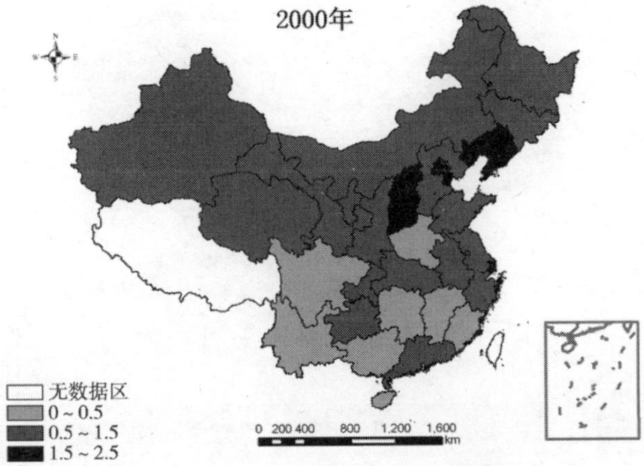

2005年

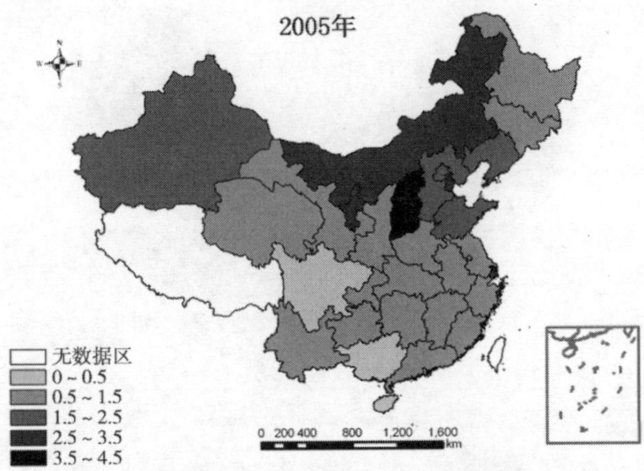

2006年

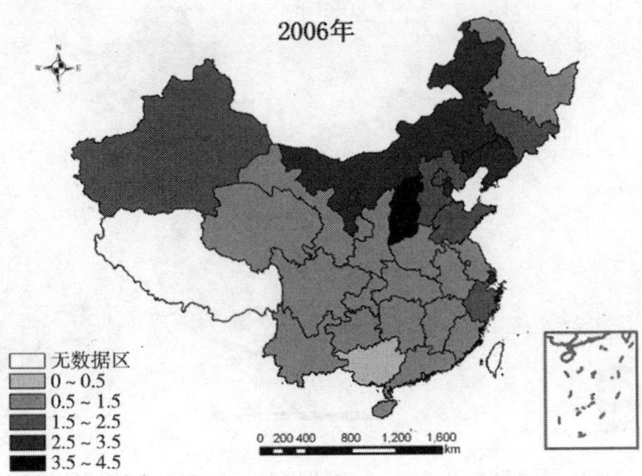

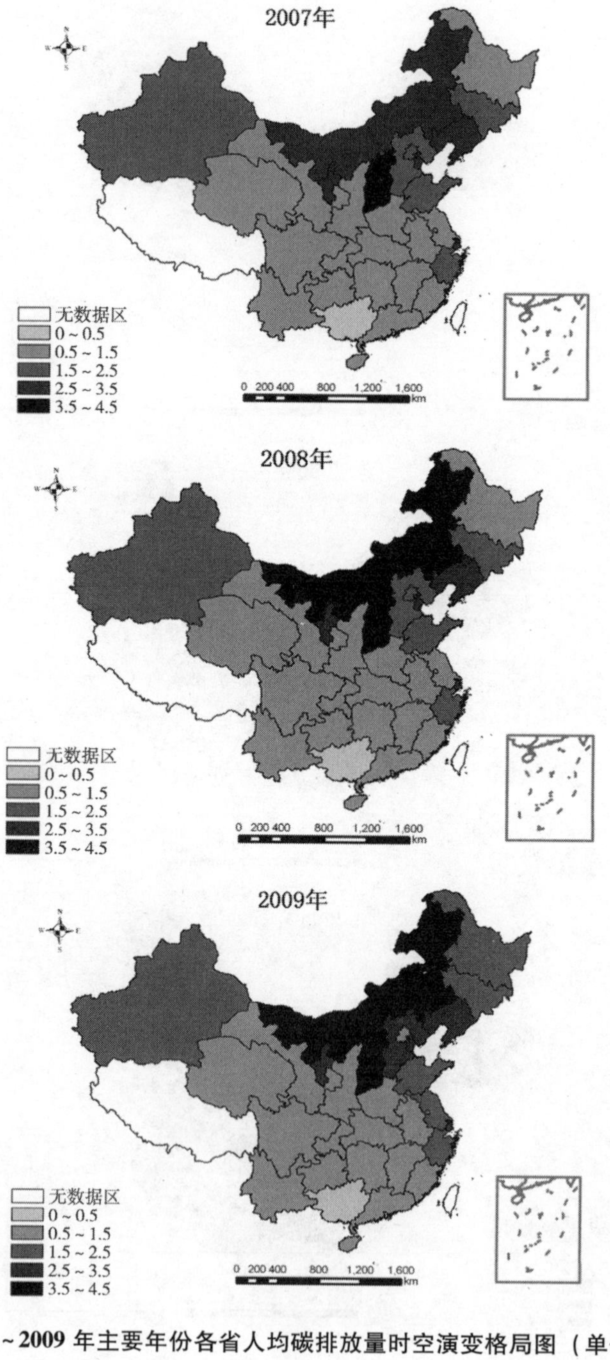

图 4.3　1980 ~ 2009 年主要年份各省人均碳排放量时空演变格局图（单位：吨/人）

三、碳强度格局分析

根据第二章对碳强度的计算方法，本书计算出全国各省的碳强度，对区域碳强度阈值的设定方法见表 4.3，1980 ~ 2009 年主要年份各省所属碳强度低区、中区、高区见图 4.4，从图中可以看出，总体的演变规律是：全国各省的碳强度普遍在下降，其中在 1980、1985、1990、1995 年，各省普遍位于碳强度高区，在 2000、2005、2006、2007、2008、2009 年，碳强度中区数量超过了碳强度高区数量，在 2009 年，碳强度高区省份仅有 4 个，总之，在观察期内，我国各省碳强度的时空格局变化较大。

表 4.3　　中国省域碳强度类型分区阈值设定表

碳强度所属类型区名称	碳强度指标 CEI（单位：吨/万元）
低碳强度区	0≤CEI<2
中碳强度区	2≤CEI<5
高碳强度区	CEI≥5

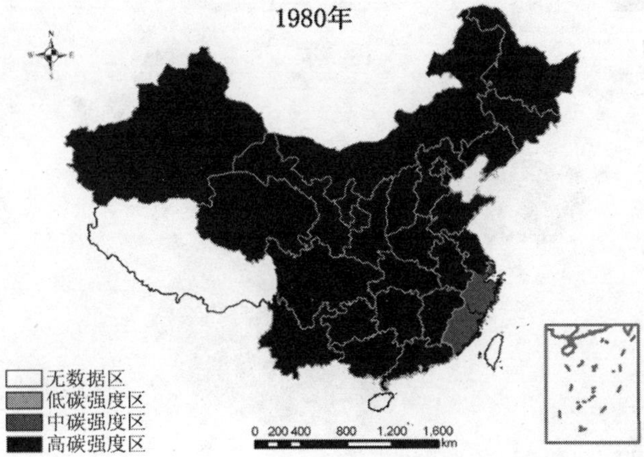

1985年

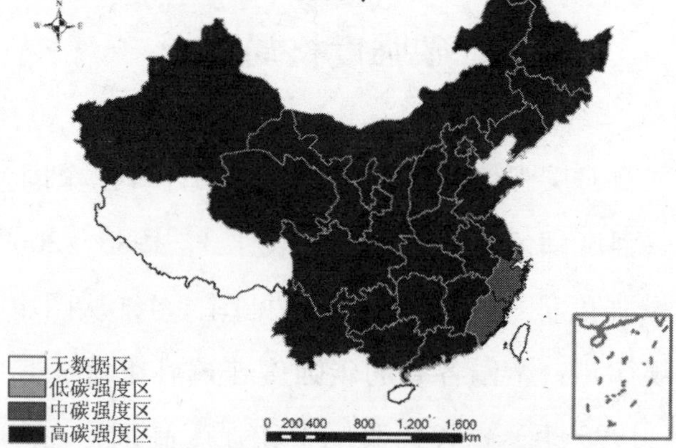

1990年

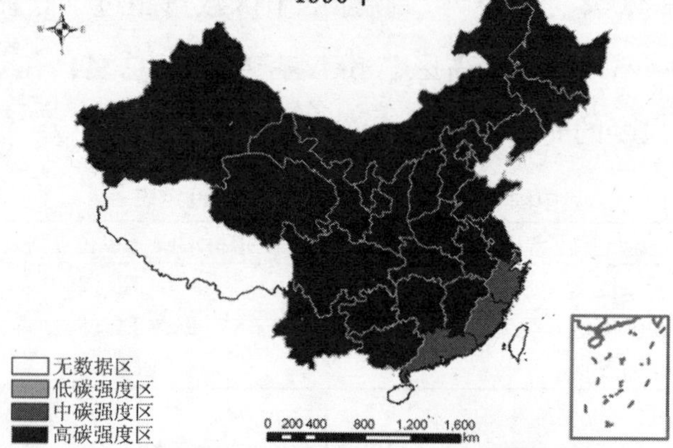

1995年

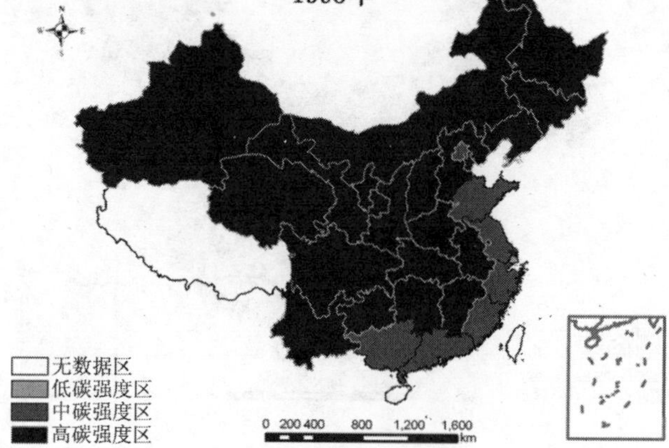

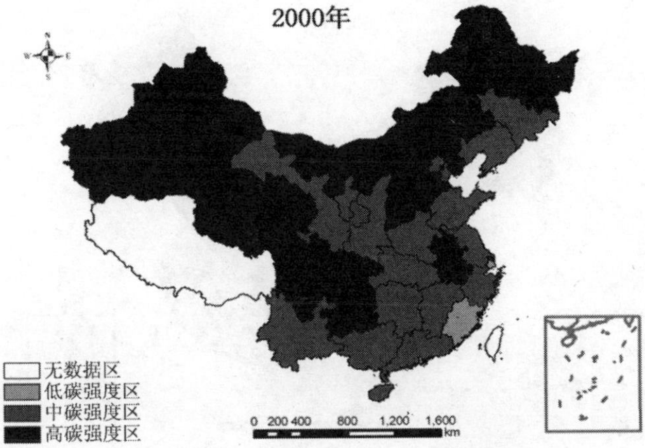
2000年
N
S
W
E
无数据区
低碳强度区
中碳强度区
高碳强度区
0 200 400 800 1,200 1,600
km

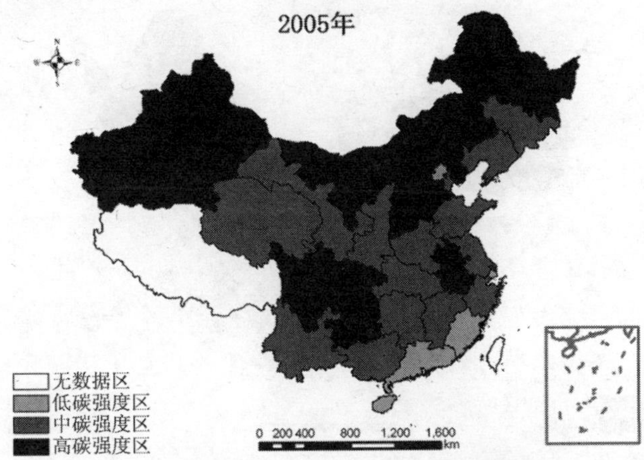
2005年
N
S
W
E
无数据区
低碳强度区
中碳强度区
高碳强度区
0 200 400 800 1,200 1,600
km

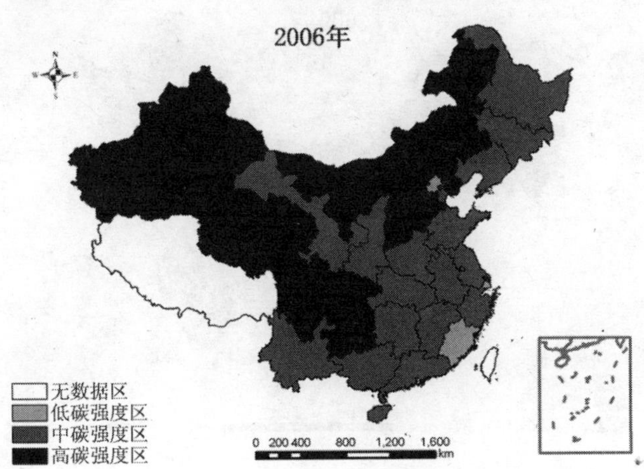
2006年
N
S
W
E
无数据区
低碳强度区
中碳强度区
高碳强度区
0 200 400 800 1,200 1,600
km

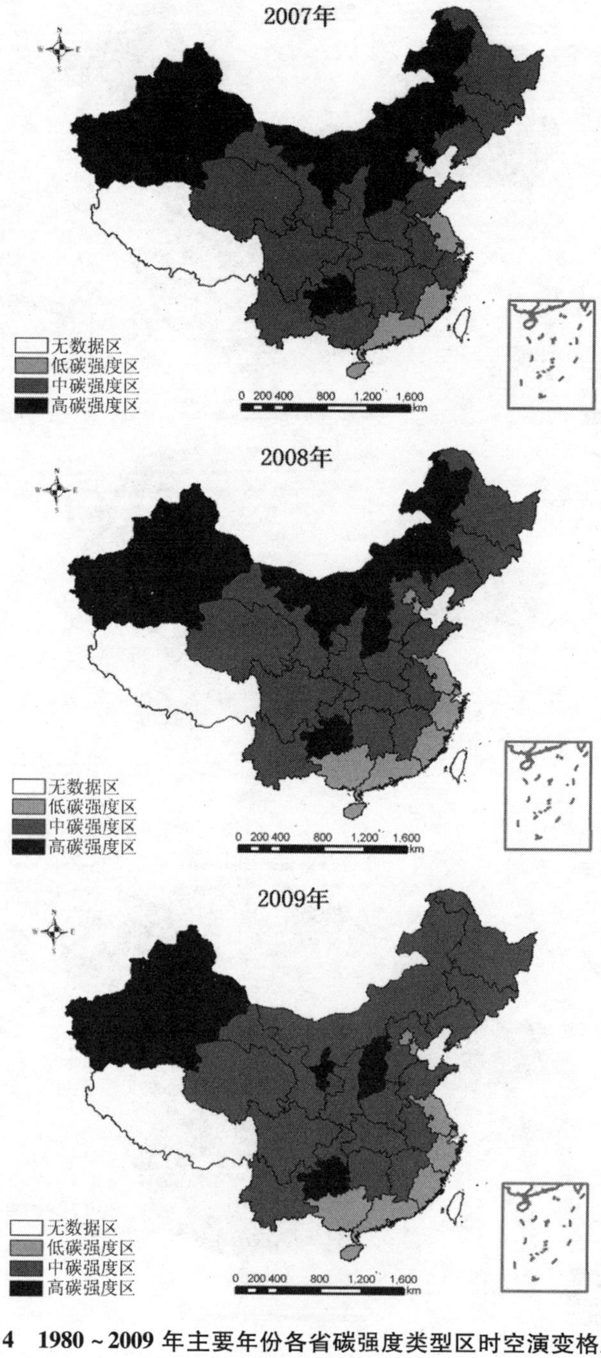

图 4.4　1980～2009 年主要年份各省碳强度类型区时空演变格局图

四、省域碳排放时空格局的演变机理
——基于空间自相关方法的分析

(一) 基本理论与研究方法

多数经典统计分析方法的基本出发点是样本相互独立假设，对于空间数据，它们之间并非完全独立，而是存在某种空间依赖性和关联性，因此无法直接用经典的统计分析方法揭示与地理位置相关的空间数据关系。空间统计学可以解决上述问题，它不是抛弃所有经典的统计分析技术，而是对这些技术加以修改以使它们能够适用于空间数据的统计分析。

空间自相关（Spatial Autocorrelation）是分析同一个变量在不同空间位置上的相关性，空间自相关可分为全局空间自相关（Global Spatial Autocorrelation）和局部空间自相关（Local Spatial Autocorrelation)，其计算结果可分为正空间自相关、负空间自相关和无空间自相关。

1. 全局空间自相关

全局空间自相关可以探测整个研究区域的空间模式，使用单一的值来反映该区域的自相关程度，本书采用全局空间自相关指数进行空间自相关分析，全局空间自相关指数称为 Global Moran's I，计算过程见公式（4.1）。

$$I = \frac{n \sum_{i=1}^{n} \sum_{j=1}^{n} w_{ij}(y_i - \bar{y})(y_j - \bar{y})}{(\sum_{i=1}^{n} \sum_{j=1}^{n} w_{ij}) \sum_{i=1}^{n} (y_i - \bar{y})^2}$$

$$\bar{y} = \frac{1}{n} \sum_{i=1}^{n} y_i \tag{4.1}$$

式子中，I为全局空间自相关指数，n为空间单元数据数目，y_i和y_j分别表示空间单元i和j的属性值，W_{ij}是空间权重系数矩阵，表示各空间单元邻近关系。

全局 Moran's I 指数取值范围在［-1，1］之间，当 Global Moran's I > 0 时，研究区域在空间分布上呈现正空间自相关，观测属性呈集聚空间格局，并且 Global Moran's I 越接近1时，其正相关越强，反之，Global Moran's I < 0 时，研究区域在空间上存在负空间自相关，观测属性呈离散空间格局，并且 Global Moran's I 越接近-1时，其负相关越强；当 Global Moran's I 接近0时，观测属性不存在空间自相关，在空间上呈随机分布。

2. 局部空间自相关

对于空间样本的分析，全局空间自相关的分析只能说明区域整体的空间关系，但是局部地区或小范围内的情况具有不稳定性且复杂多变，全局空间自相关指数无法揭示，因此，常需要采用局部空间自相关的统计进一步揭示样本具体组成中存在的问题。

局部空间自相关可以探测每一个空间单元与邻近单元某一属性的相关程度，可采用 LISA（Local Indicators of Spatial Association）来表示，依据空间自相关的性质，本书采用局部空间自相关指数来计算局部空间的自相关性，称为 Local Moran's I_i，见公式（4.2）。

$$I_i = \frac{y_i - \bar{y}}{S^2}\sum_{j=1}^{n} w_{ij}(y_i - \bar{y})$$

$$S^2 = \frac{1}{n}\sum_{i=1}^{n}(y_i - \bar{y})^2 \quad \bar{y} = \frac{1}{n}\sum_{i=1}^{n} y_i \tag{4.2}$$

式子中，I_i为局部空间自相关指数，n 为空间单元数据数目，y_i和 y_j分别表示空间单元 i 和 j 的属性值，W_{ij}是空间权重系数矩阵，表示各空间单元邻近关系。

（二）研究区界定

本书以中国大陆各个省份（包括省、自治区、直辖市，以下简称为省份）作为研究样本，选取 1980～2009 年中主要年份，分别计算了共计 10 年的全局空间自相关指数 I 和局部空间自相关指数 I_i。

考虑到在观察期内，海南在 1988 年建省并成为经济特区，重庆在 1997 年成为直辖市，西藏无数据无法测算，因此 1980～1985 主要年份的样本包括 28 个省份，1990～1995 主要年份的样本包括 29 个省份，2000～2009 主要年份的样本包括 30 个省份，全部计算采用 GeoDA 软件进行。

（三）全局空间自相关分析

在观察期内，中国大陆各省份碳排放总量的全局空间自相关指数均为正值，在正态分布假设之上，对指数检验的结果也高度显著，因此可以得出如下结论。

（1）中国大陆各省的碳排放总量存在着显著的空间正自相关关

系，见表4.4，即碳排放总量的空间分布并非表现出完全的随机性，而是表现出相似值之间的空间集聚。其空间联系特征为：碳排放总量较高的省份相对趋于和碳排放总量较高的省份相邻，碳排放总量较低的省份相对趋于和碳排放总量较低的省份相邻。

表4.4 1980～2009年主要年份全局空间自相关指数计算结果

年份	全局空间自相关指数值	相关性	空间格局
1980	0.1672	正空间自相关	弱集聚分布
1985	0.2407	正空间自相关	集聚分布
1990	0.2790	正空间自相关	集聚分布
1995	0.1868	正空间自相关	弱集聚分布
2000	0.2066	正空间自相关	集聚分布
2005	0.3029	正空间自相关	集聚分布
2006	0.2587	正空间自相关	集聚分布
2007	0.2734	正空间自相关	集聚分布
2008	0.2811	正空间自相关	集聚分布
2009	0.2777	正空间自相关	集聚分布

（2）中国大陆各省碳排放总量的空间自相关关系呈现一定的强弱变化，波动比较强烈，见图4.5，从1980～1990年上升，1990～

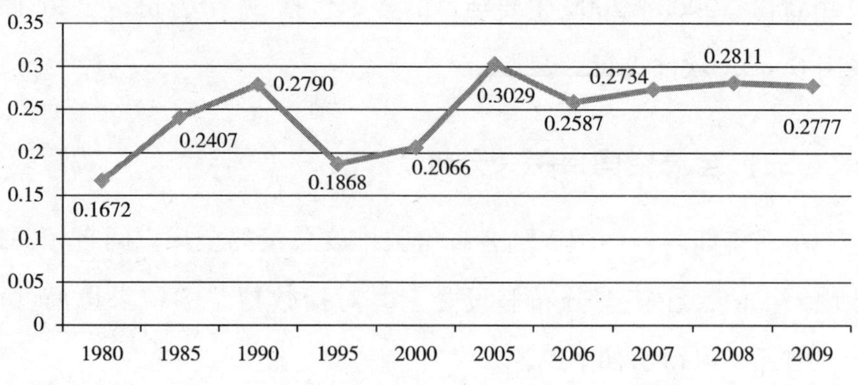

图4.5 1980～2009年主要年份全局空间自相关指数值趋势变化图

1995 年下降，1995 ~ 2005 年上升，2005 ~ 2006 年下降，2006 ~ 2009 年先上升后下降，其空间格局在 1980 和 1995 两年呈现弱集聚分布，其他年份为比较明显的集聚分布。

（四）局部空间自相关分析

1. 局部空间自相关的 Moran 散点图

（1）散点图的构成与含义

Moran 散点图是一幅带有横纵坐标的象限图，见图 4.6，横坐标轴表示数据的标准化值，纵坐标轴表示数据的标准化均值，散点图由 4 个象限组成，每个象限体现了某一区域单元与其邻接区域单元的局部空间关系，4 个象限分别代表 4 种类型的空间关系，见表 4.5。其中，位于高—高集聚区或低—低集聚区的观察值分别表示某一区域单元与其周边区域单元的属性值相比有较高或较低程度的集聚效应，存在较强的空间正相关，空间单元具有同质性。位于高—低集聚区和低—高集聚区的观测值分别表明某一区域单元属性值与周边区域单元的属性值相比较高或较低，并且周边区域单元的属性值较低或较高，存在较强的空间负相关，空间单元具有异质性。

表 4.5　　1980 ~ 2009 年主要年份局域空间自相关要素表

名称	高—高集聚区	低—低集聚区	低—高集聚区	高—低集聚区
符号	H—H (High - High)	L—L (Low - Low)	L—H (Low - High)	H—L (High - Low)
在散点图中的位置	右上象限	左下象限	左上象限	右下象限
相关性判断	空间正相关	空间正相关	空间负相关	空间负相关

续表

名称	高—高集聚区	低—低集聚区	低—高集聚区	高—低集聚区
空间单元属性关系	同质性	同质性	异质性	异质性
集聚方式	某一区域单元属性值与其周边区域单元的属性值相比较高而形成的集聚	某一区域单元属性值与其周边区域单元的属性值相比较低而形成的集聚	某一区域单元属性值与其周边区域单元的属性值相比较低，并且周边区域单元的属性值较高而形成的集聚	某一区域单元属性值与其周边区域单元的属性值相比较高，并且周边区域单元的属性值较低而形成的集聚

（2）1980～2009年主要年份碳排放总量的样本点变化规律

在本研究中，Moran散点图的横坐标轴表示碳排放总量标准化值，纵坐标轴表示碳排放总量标准化均值，全国各省碳排放总量值经软件处理后分别落入4个象限中，见图4.6。其中，落入高—高集聚区的省份，表示本省碳排放总量较高，且其周围省份的碳排放总量也较高；落入低—低集聚区的省份表示本省碳排放总量较低，且其周围省份的碳排放总量也较低；落入低—高集聚区的省份，表示本省碳排放总量较低，且其周围省份的碳排放总量较高；落入高—低集聚区的省份表示本省碳排放总量较高，且其周围省份的碳排放总量较低。从Moran散点图中，可以看出样本点变化的大致情形是：第一，位于高—高集聚区和低—低集聚区的样本点较多，而位于低—高集聚区和高—低集聚区的样本点较少；第二，随时间推移，位于低—高集聚区的样本点有逐渐增多的趋势。

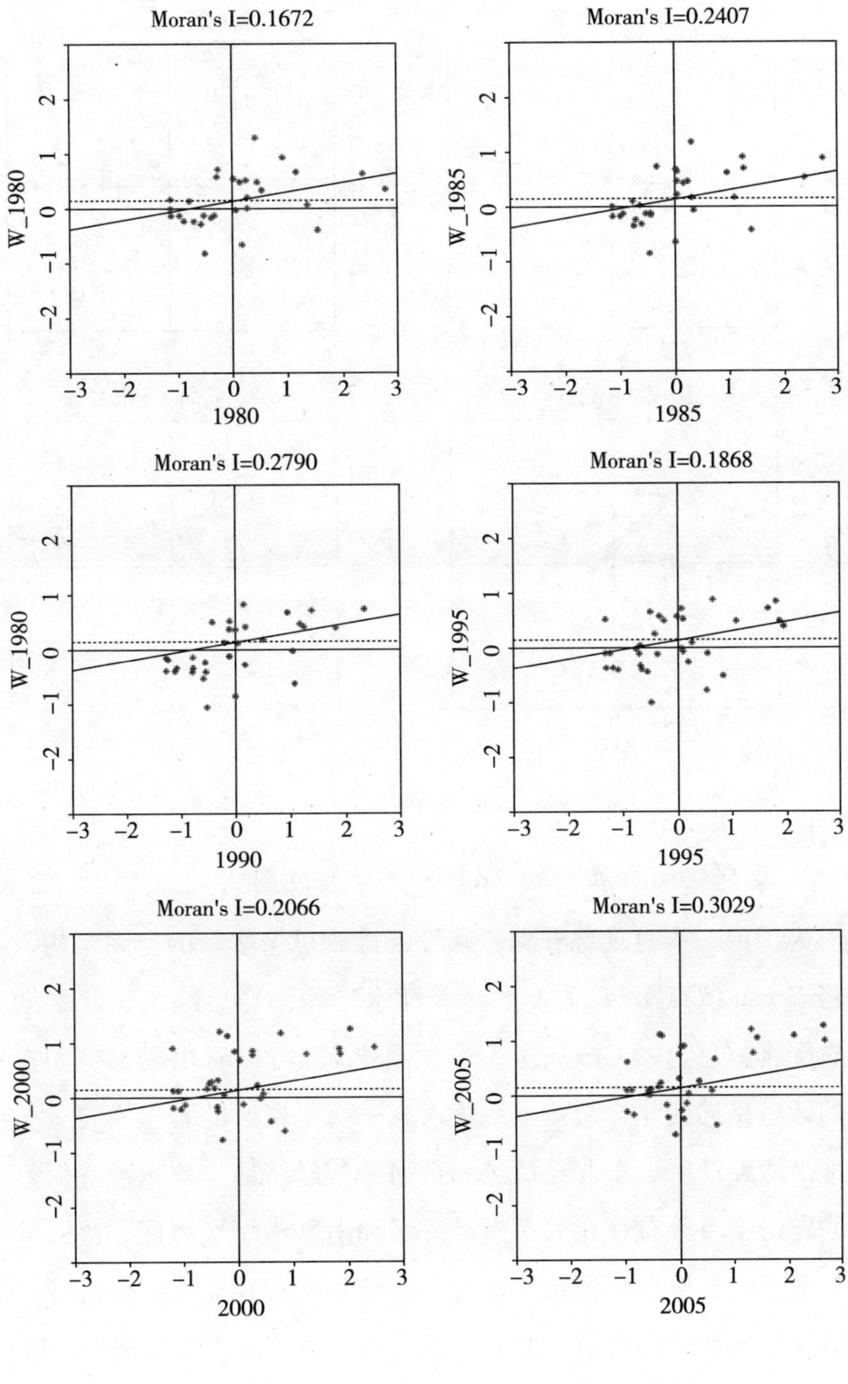
Moran's I=0.1672
W_1980
1980
Moran's I=0.2407
W_1985
1985
Moran's I=0.2790
W_1980
1990
Moran's I=0.1868
W_1995
1995
Moran's I=0.2066
W_2000
2000
Moran's I=0.3029
W_2005
2005

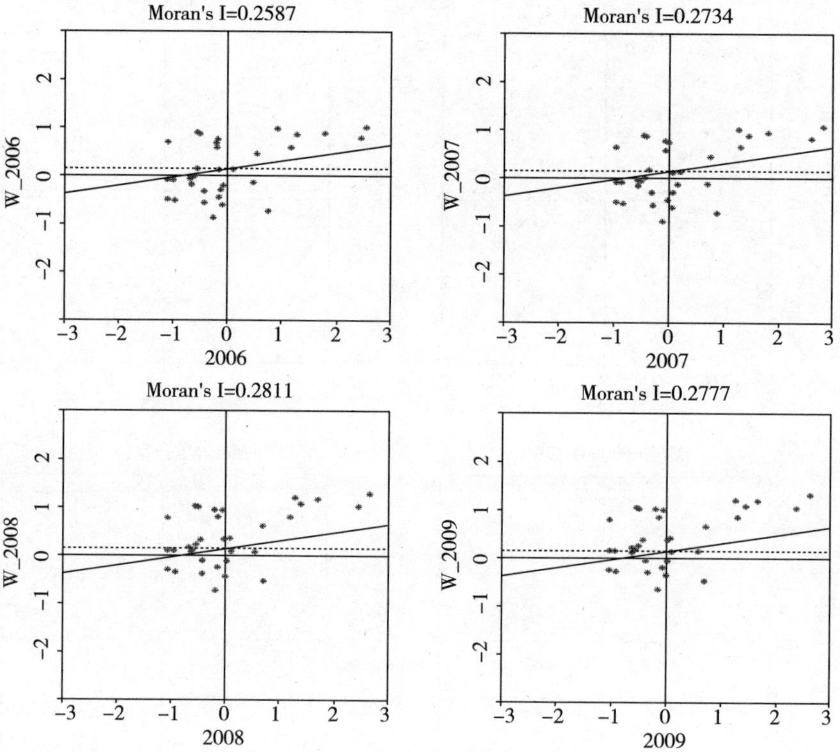

图 4.6　1980～2009 年主要年份 Moran 散点图

2. 局部空间自相关的 ArcGIS 矢量展现图

为了进一步直观地看到各省份碳排放总量集聚的空间结构，本书将 Moran 散点图与 LISA 的显著性水平相结合，绘制出观察期内各省碳排放总量的 GIS 矢量图，见图 4.7。可以看出局部空间自相关的区域格局变化，总体上，落入高—高集聚区的省份主要分布在东部沿海经济区、东北经济区和黄河中游经济区，落入高—低集聚区的省份主要分布在在大西南经济区和南部沿海经济区，落入低—高集聚区的省份主要分布在黄河中游经济区和长江中游经济区，落入低—低集聚区的省份主要分布在大西北经济区和大西南经济区。

1980年

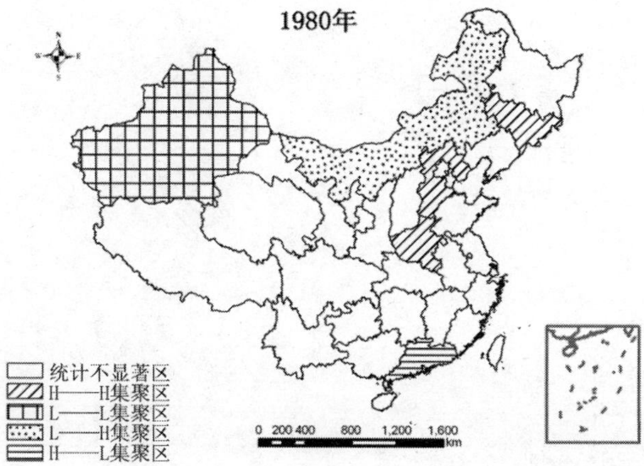

1985年

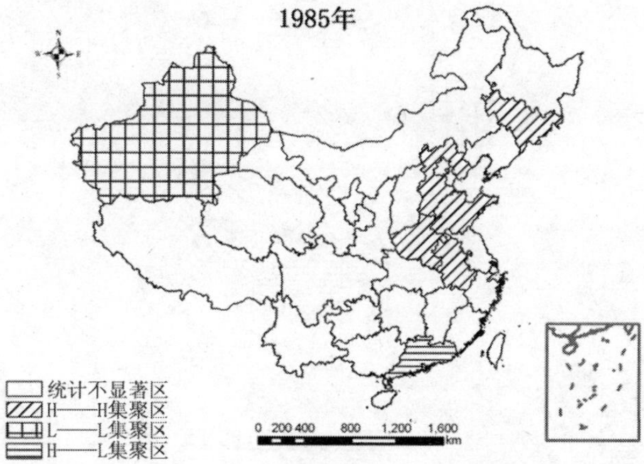

1990年

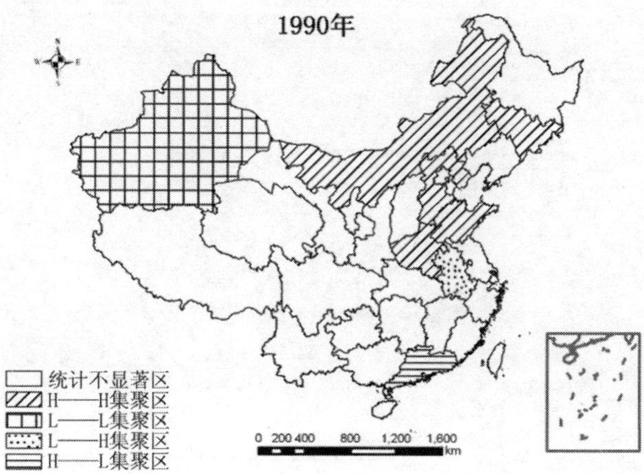

1995年

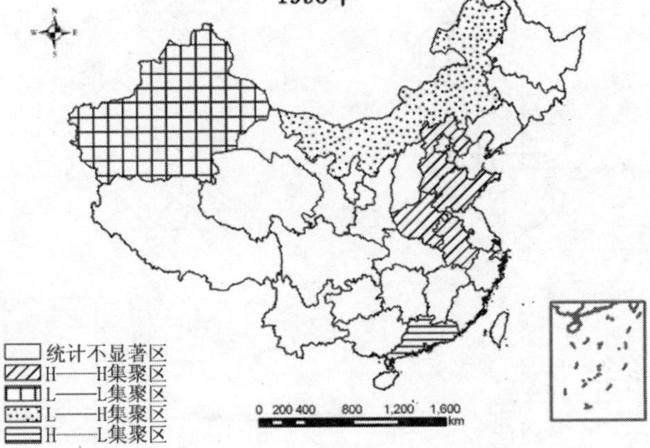

2000年

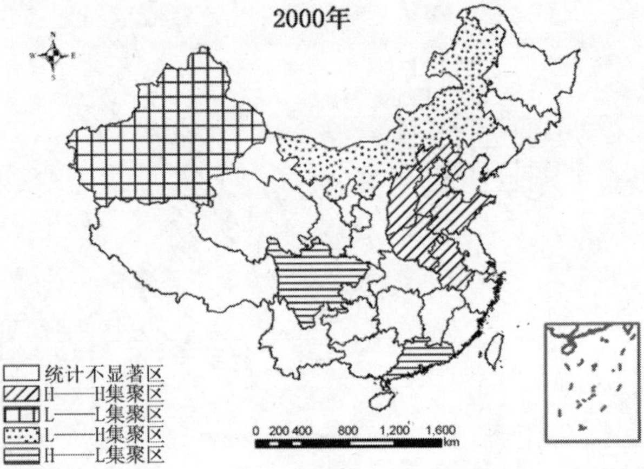

2005年

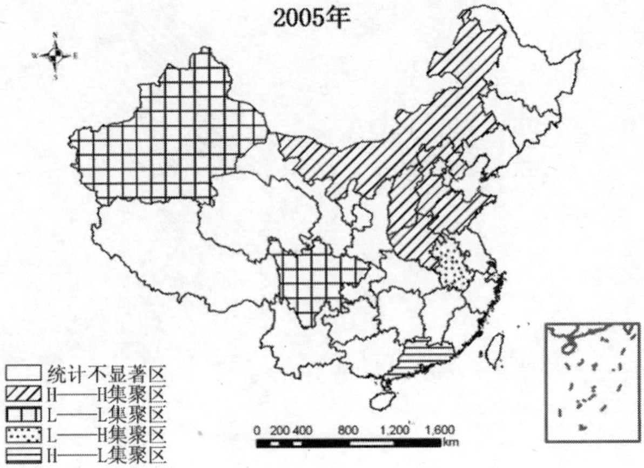

2006年

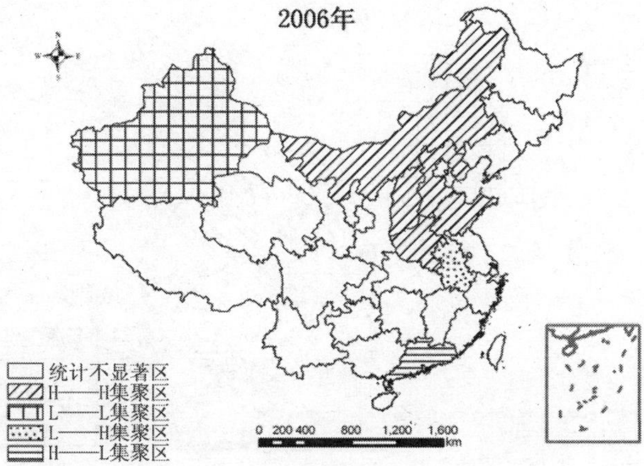

2007年

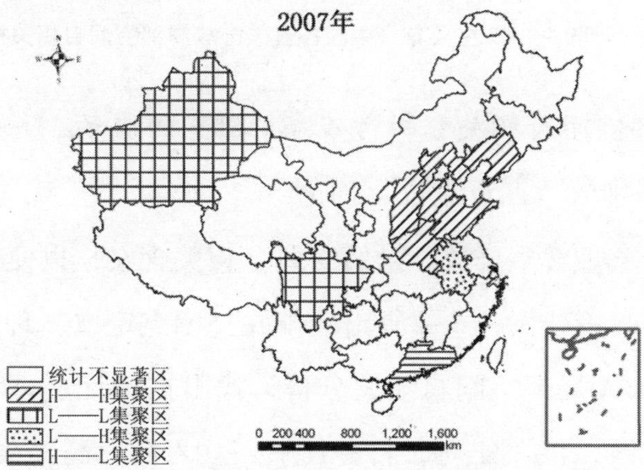

2008年

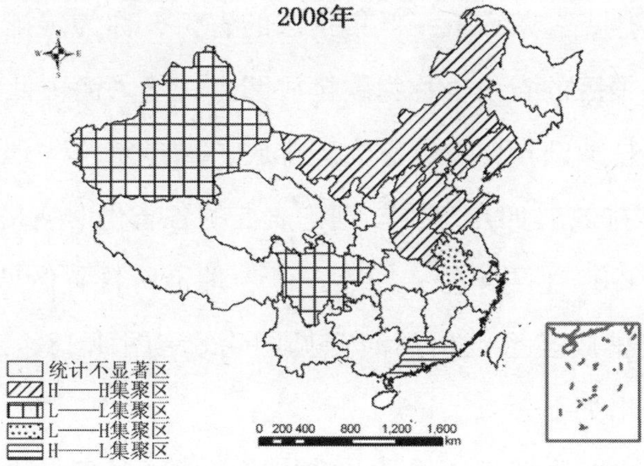

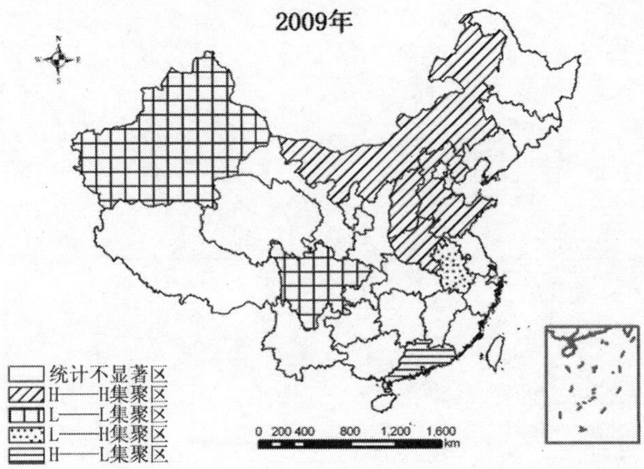

图 4.7　1980 ~ 2009 主要年份中国各省碳排放局部空间自相关格局图

3. 局部空间自相关分析对碳减排研究的启示

（1）碳排放“四点定位”理论

为了形象理解碳排放总量的空间自相关含义，以便有针对性地提出碳减排政策建议，本书提出碳排放“四点定位”理论。它的原理是通过 LISA 局部空间自相关分析，找出在统计上显示显著性较强的四类地区，将其分别命名。其中，落入高—高集聚区的省份，称为碳排放热点；落入低—低集聚区的省份，称为碳排放冷点；落入低—高集聚区的省份，称为碳排放凹点；落入高—低集聚区的省份，称为碳排放凸点，总体称为碳排放“四点定位”理论。

（2）碳排放“四点定位”理论表征的各省份时空格局演变

1980 ~ 2009 主要年份“四点定位”理论所含省份见表 4.6，所含省份的碳排放类型区格局演变见图 4.8 ~ 图 4.18，二者结合分析，可以得出如下三点结论。

第一，在各个年份，均是碳排放热点地区最多，碳排放凹点地区最少，这种格局在观察期内保持一定的稳定性。

第二，各个省份所处的位置也相对稳定，河北、山东、河南，山西在大部分年份位于热点地区，新疆在大部分年份位于冷点地区，安徽在大部分年份位于凹点地区，广东在大部分年份位于凸点地区。这种格局揭示出：大部分省份的碳排放总量保持相对高低状态的格局比较均衡，说明省份之间的空间集聚格局比较稳定，尽管自身和相邻省份的碳排放总量都发生了变化，但是相对位置依旧保持不变。

第三，个别省份所处的位置有较大变化，例如内蒙古，在1980年位于凹点地区，在1990年位于热点地区，在1995年又开始位于凹点地区，这种情况变化多次。可以通过对相应年份内蒙古周边省份的碳排放情况进行考察，反映出它自身的碳排放总量变化与周围相邻省份的对比关系发生了较大改变。

表4.6　1980～2009年主要年份碳排放“四点定位”理论所含省份

年份	碳排放热点省份	碳排放冷点省份	碳排放凹点省份	碳排放凸点省份
1980	河北、河南、吉林	新疆	内蒙古	广东
1985	河北、山东、河南、安徽、吉林	新疆	无	广东
1990	河北、山东、河南、内蒙古、吉林	新疆	安徽	广东
1995	河北、山东、河南、安徽	新疆	内蒙古	广东
2000	河北、山东、河南、山西、安徽	新疆	内蒙古	广东、四川
2005	河北、山东、河南、山西、内蒙古	新疆、四川	安徽	广东
2006	河北、山东、河南、山西、内蒙古	新疆	安徽	广东
2007	河北、山东、河南、山西、辽宁	新疆、四川	安徽	广东
2008	河北、山东、河南、山西、内蒙古、辽宁	新疆、四川	安徽	广东
2009	河北、山东、河南、山西、内蒙古	新疆、四川	安徽	广东

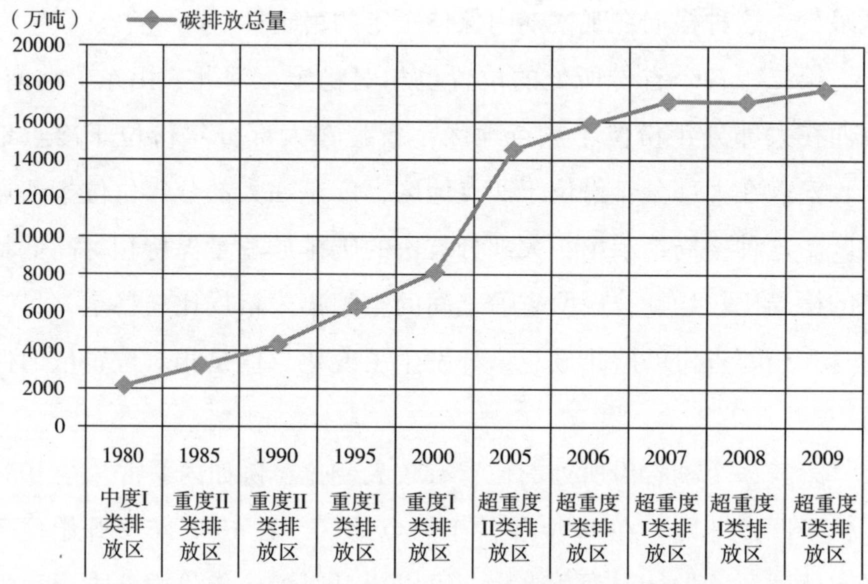

图 4.8　1980 ~ 2009 年主要年份河北省碳排放类型区格局演变图

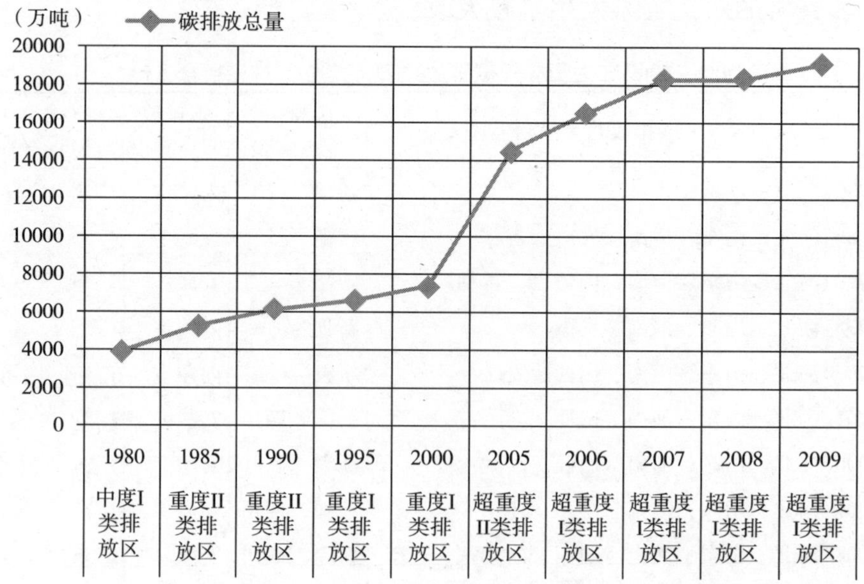

图 4.9　1980 ~ 2009 年主要年份山东省碳排放类型区格局演变图

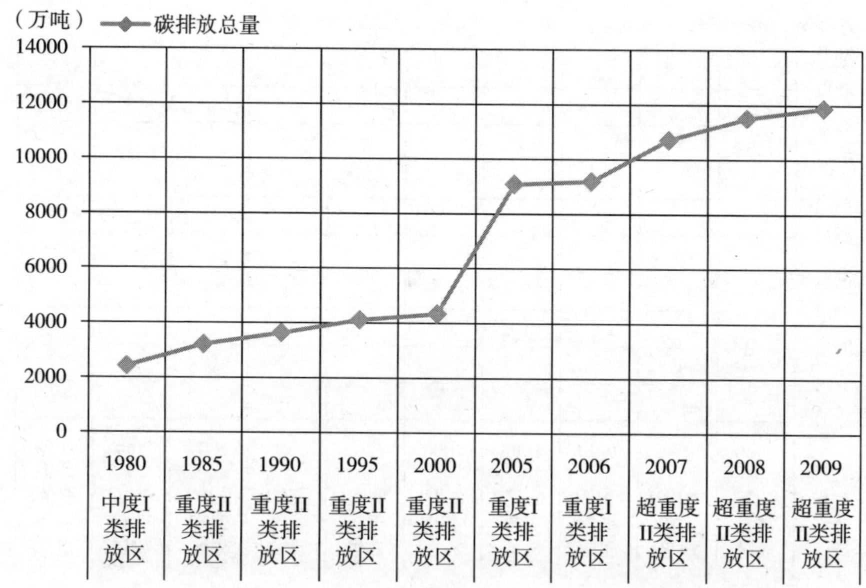

图 4.10　1980～2009 年主要年份河南省碳排放类型区格局演变图

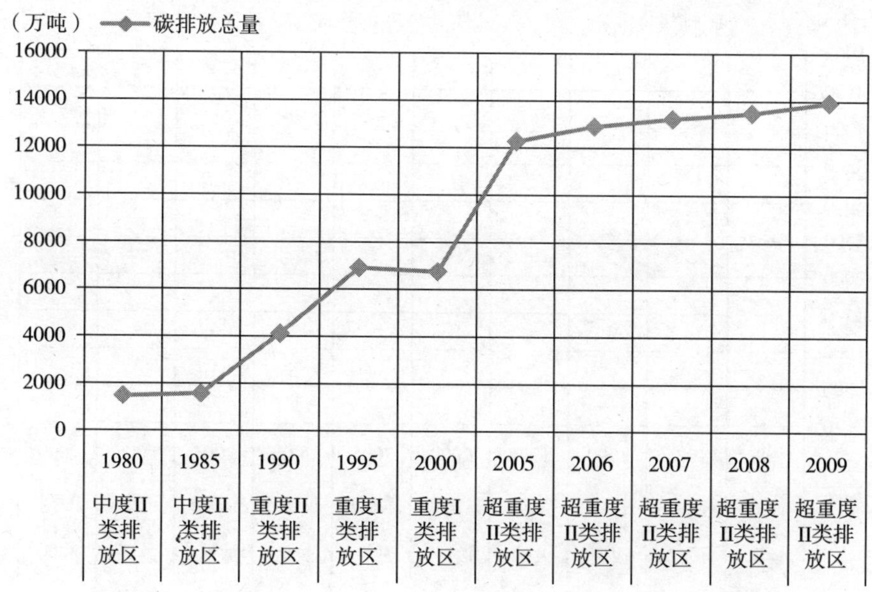

图 4.11　1980～2009 年主要年份山西省碳排放类型区格局演变图

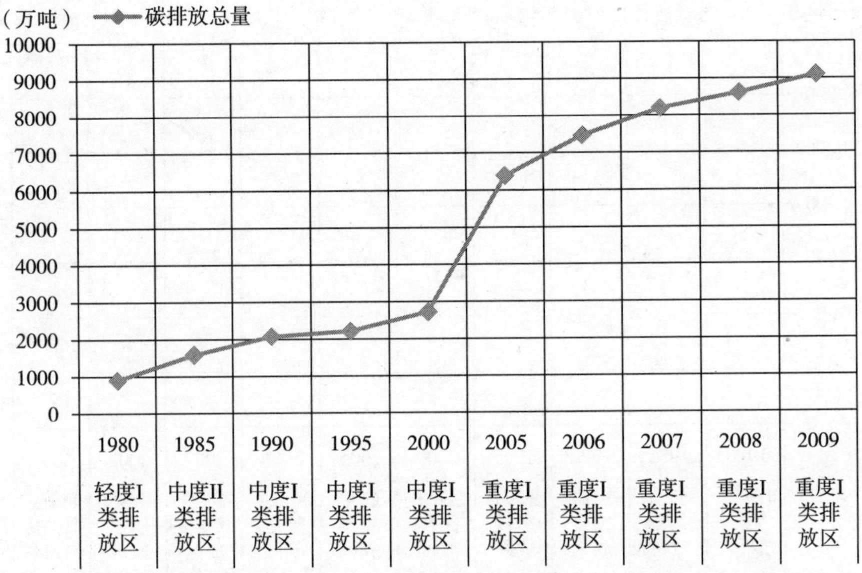

图 4.12　1980～2009 年主要年份内蒙古自治区碳排放类型区格局演变图

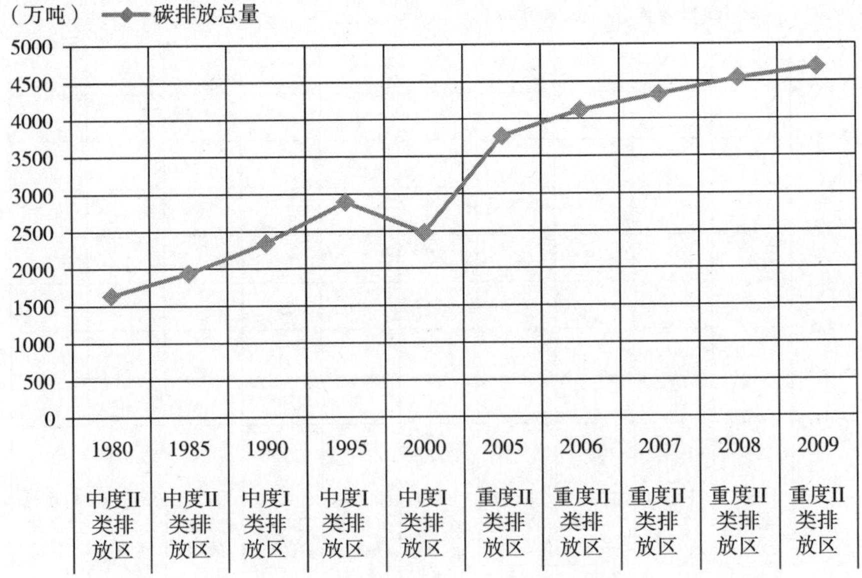

图 4.13　1980～2009 年主要年份吉林省碳排放类型区格局演变图

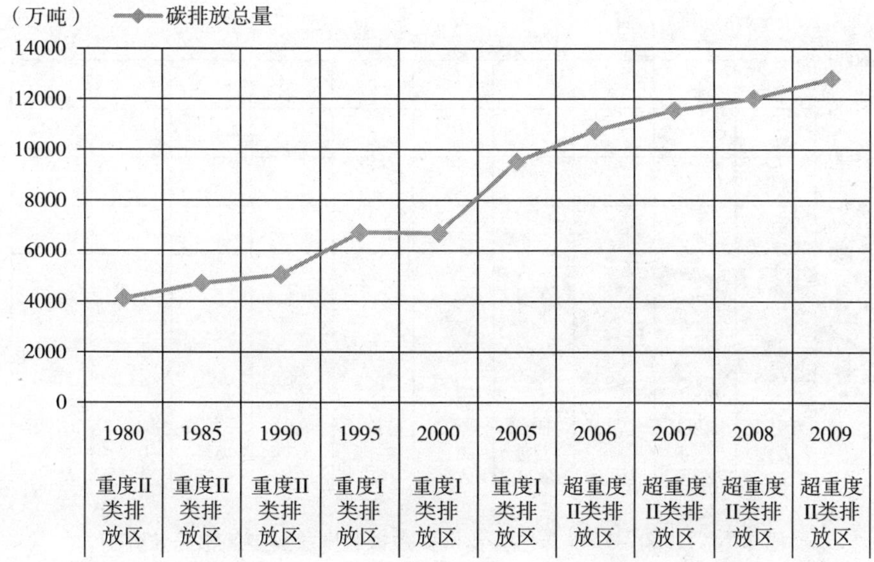

图 4.14 1980～2009 年主要年份辽宁省碳排放类型区格局演变图

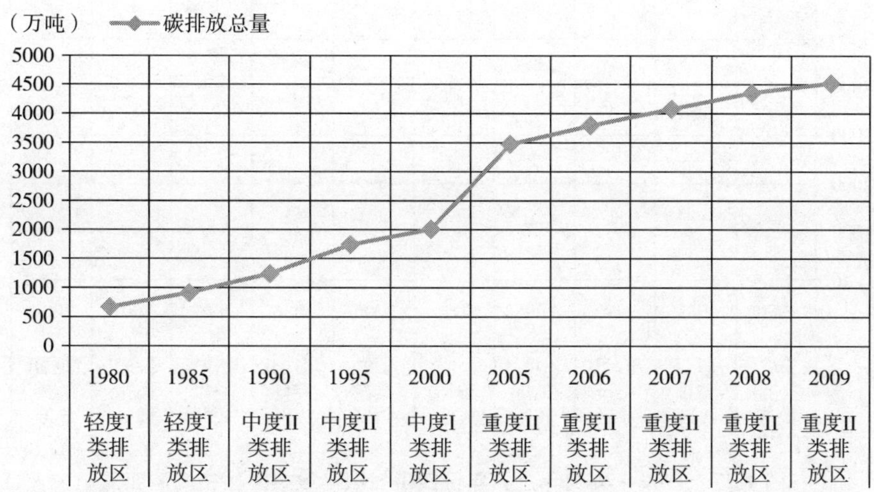

图 4.15 1980～2009 年主要年份新疆维吾尔族自治区碳排放类型区格局演变图

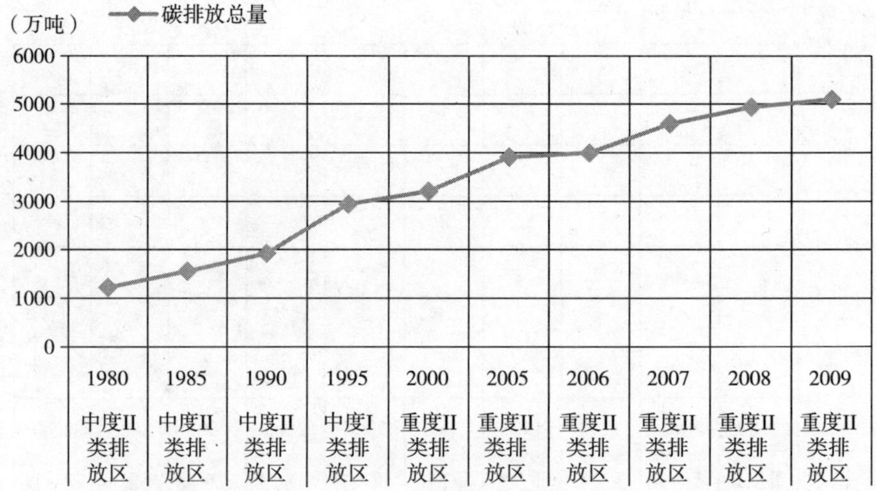

图 4.16　1980～2009 年主要年份安徽省碳排放类型区格局演变图

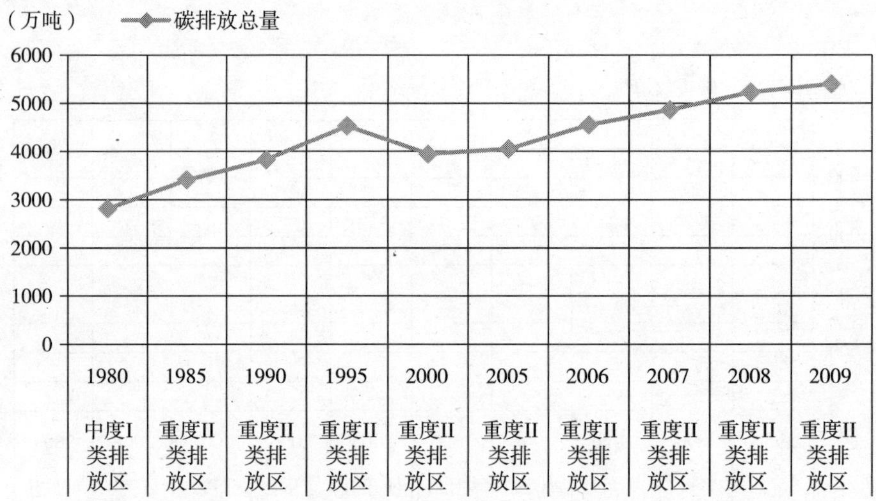

图 4.17　1980～2009 年主要年份四川省碳排放类型区格局演变图

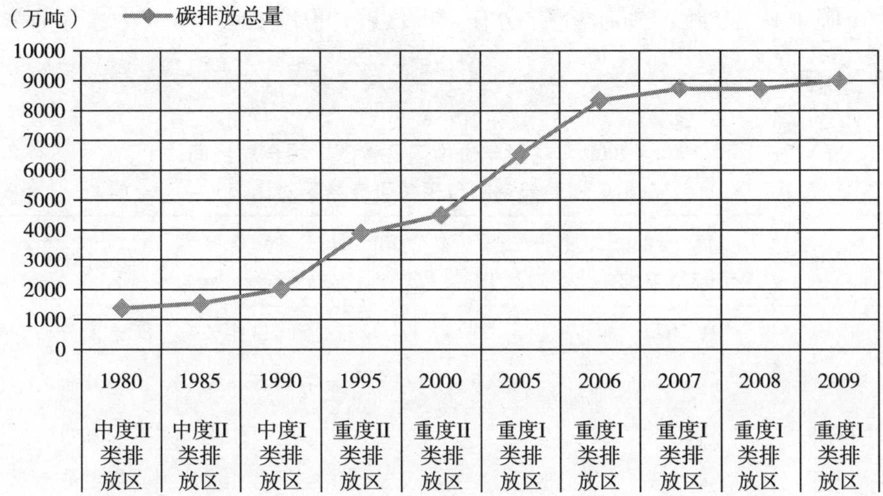

图 4.18　1980～2009 年主要年份广东省碳排放类型区格局演变图

（3）碳排放“四点定位”理论对时空格局及演变机理的解释

总体来说，中国各省域碳排放总量呈现空间正相关的分布格局，这是对空间自相关指数值进行测算得出的结论，进一步研究会发现指数值存在着强弱变动，即空间集聚程度呈现一定的变化。在表 4.7 中，发现位于热点和冷点地区的省份数量变化频繁，其中在 1980 和 1995 年，省份数量在所有观察期中是较少的，这两年的全局空间自相关指数值最低，其空间格局呈现弱集聚分布。因此，通过局部空间自相关与全局空间自相关的对比分析，两者计算结果相一致，再一次印证了这个结论。总之，经过 10 年时间的发展，中国各省域碳排放总量的空间正相关经历了强弱交替的变动过程。

（4）碳排放“四点定位”理论所含典型省份的减排态势分析

根据碳排放“四点定位”理论，本书对位于四点地区主要省份的碳排放空间格局演变进行机理分析，因空间格局的结果具有时间累积影响，因此，所研究省份在“四点”的位置变化一般是有滞后效应的。

表 4.7　1980～2009 年主要年份中国各省碳排放全局空间自相关和局部空间自相关研究结果对比表

年份	全局空间自相关指数值	位于碳排放热点和冷点的省份数量	相关性	空间格局
1980	0.1672	4	正空间自相关	弱集聚分布
1985	0.2407	6	正空间自相关	集聚分布
1990	0.2790	6	正空间自相关	集聚分布
1995	0.1868	5	正空间自相关	弱集聚分布
2000	0.2066	6	正空间自相关	集聚分布
2005	0.3029	7	正空间自相关	集聚分布
2006	0.2587	6	正空间自相关	集聚分布
2007	0.2734	7	正空间自相关	集聚分布
2008	0.2811	8	正空间自相关	集聚分布
2009	0.2777	7	正空间自相关	集聚分布

河北省：在观察期内，河北省碳排放总量均位于热点地区，主要是由其环绕京津的地理位置所决定的。尤其在近几年，北京发展总部经济，将重工业转移到河北，这种状况短期内恐怕难以改变，因此，其长期处于热点地区的格局仍将持续下去。

山东省、河南省的情形与河北省基本相似，在观察期内一直处在高于周围省份碳排放的热点地区，主要是由于其资源型产业比重较高，产业结构偏向重化所致。

广东省：是南方最发达的省份之一，碳排放大户非广东莫属，且周围相邻省份与之碳排放量相差悬殊，因此在观察期内，其凸点的地位一直没有改变。

安徽省：经历了凹凸点的转换，主要是由于其自身与周围省份碳排放总量的相对变化导致。安徽省在2005年后一直稳定地处于凹点地区，主要是由于周边山东、江苏、河南的碳排放总量增速明显，相对地看，导致其位于凹点时期较多。

四川省和重庆市：1999年，西部大开发战略启动，受政策部分影响，四川省在2000年位于凸点地区，碳排放总量相对于周围西部地区较高。但在2005年后，四川省基本稳定地位于冷点地区，可能是由于西部大开发政策在逐渐惠及西部整个地区的过程中，其他省份的碳排放总量陆续上升，又使四川呈现反方向变化的情形。

内蒙古自治区和山西省：2000年后，碳排放总量的热点地区主要集中在内蒙古、山西等地，推测其原因主要是鄂尔多斯盆地能源的大规模开采和高消费量所致。鄂尔多斯是我国第二大沉积盆地，总面积占国土4%，该地区已查明的煤炭资源储量占全国的39%，蕴藏的能源资源约占全国的35%以上，能源调出量占全国能源调出量的一半以上，国家13个大型煤炭基地中有6个与鄂尔多斯盆地有关，是名副其实的“能源聚宝盆”。依托鄂尔多斯盆地开发，关联产业链得以形成，资源型产业迅速发展引发了大量的能源消费，最终导致了内蒙古和山西的高碳排放，使其位于热点地区。其中，山西省情况如下：在2000年后一直位于热点地区，可以从其煤炭大省的角度给予分析，山西省的原煤产量从建国初一直稳步增长，但在1995～2000年期间产量停滞不前。而在2001～2005年，全省共生产煤炭21.2亿吨，以年均6000万吨的速度增长，其中，在

2005 年，全省煤炭统计产量达到 5.43 亿吨，比 2000 年增加近 3 亿吨。这在一定程度上反映出我国能源需求的大幅度增长，而山西省本身工业消费的主要能源仍以煤炭为主，这是造成其在 2000 年后一直位于热点地区的原因。

吉林省：在 1980、1985、1990 年，吉林省位于热点地区，可以吉林的产业基础特征来解释，吉林省在“一五”时期和“二五”时期形成了老工业基地，此后资源型产业一直是其主导产业，主要包括采掘工业（如煤炭采选业、石油天然气采选业、非金属矿采选业、金属矿采选业、木材采运业）和原料加工业（如木材加工业、造纸业、石油加工业、化学原料与制品制造业、金属冶炼及压延加工业）。此后，资源枯竭的问题对吉林的采掘工业和原料加工业形成较大冲击，在这种情况下，吉林省在 1990 年之后不再成为碳排放热点地区。

辽宁省：从 2004 年开始，辽宁省经济增长一直保持着较快的速度，经济规模和总量取得了较大的发展，工业化和城市化进程进入加速阶段，其能源消费总量越来越高，对传统能源的依赖性不断增强。2003 年，辽宁全省能源消费总量为 11430.7 万吨，2008 年，辽宁全省能源消费总量达到了 17768.0 万吨，6 年间增长了 55.4%，很大程度上导致其在 2007、2008 两年位于热点地区。随着辽宁省不断进行着战略转型，包括实施调整产业结构，加强节能减排，淘汰落后产能等举措，加上东北地区振兴规划的政策效应开始显现，在 2009 年其碳排放总量未有大幅上升，在 2009 年不再是碳排放热点地区。

(5) 减排路径设计及政策建议

根据碳排放“四点定位”理论，可以分析4类地区的减排潜力，据此进行不同的减排政策设计，见表4.8。本书认为比较合理的减排路径为：①对于热点省份和凸点省份：考虑溢出效应，可设计力度较大的政策，使其碳减排的技术、知识等影响溢出到周边区域；②对于冷点省份和凹点省份，考虑示范效应，要维持其和周围区域良好的碳排放对比关系，使其成为周围省份低碳发展的示范省份。

表4.8　碳排放“四点定位”理论对减排政策的启示

项目	碳排放热点省份	碳排放冷点省份	碳排放凹点省份	碳排放凸点省份
减排潜力	大	小	小	大
减排态度	积极	保守	保守	积极
减排政策设计	降低热点省份的碳排放，使其碳减排的影响溢出到周边省份	继续保持冷点省份的减排现状，使周围省份获取示范效应	继续保持凹点省份的减排现状，使周围省份获取示范效应	降低凸点省份的碳排放，使其碳减排的影响溢出到周边省份

五、本章小结

本章针对全国各个省（自治区、直辖市）开展了省域尺度的碳排放时空格局和演变机理分析，在此基础上提出减排政策建议。第一，基于三个重要指标测算了全国各省的指标值，用ArcGIS矢量图进行格局展现和分析；第二，提出了省域尺度碳排放总量和碳强度类型分区方案，其中碳排放总量类型分区方案包括8类地区，碳强度类型分区方案包括3类地区，据此，在主要年份，对全国各省分别进行了多年的类型分区；第三，基于全局空间自相关和局部空间自相关方法对中国省域碳排放总量的演变机理进行分析，在国内首次提出了碳排放“四点定位”理论，结合局部空间自相关测算结果来分析关键省份碳排放的演变情形，提出相应的对策建议。

第五章
问卷调查：碳减排主体及其行为研究

本章将对中国化石能源消费碳排放影响因素进行探索性的研究，碳排放的影响因素及作用机制非常复杂，本书基于管理学和心理学的理论及方法，从主观影响因素出发，从主客观二维视角进行尝试。一个完整的研究过程应为：首先需要设定一个情景行为目标，然后针对此目标进行调研分析，最后得出结论。基于此，本书设定的情景目标为：假设我们的预期目标是推动碳减排，分析其主观因素的影响，实施问卷调查包括三个阶段：第一，从研究目的出发设计调查问卷；第二，发放问卷，对被调查实施调查；第三，回收问卷，进行统计分析。本书研究内容包括四方面：第一，调查对象的个人背景信息分析；第二，碳减排的利益相关者识别；第三，碳减排的利益相关者行为的重要性及满意度评价；第四，结论及启示。目前，对碳减排主体及行为的研究非常少见，本书的研究试图开启一个新的视角。

一、理论基础

（一）利益相关者理论

利益相关者理论产生于20世纪60年代，1963年，斯坦福研究所首次提出了利益相关者的概念，之后于80年代得到发展。1984年，美国经济学家弗里曼认为：利益相关者是那些能够影响企业目标实现，或者能够被企业实现目标的过程影响的任何个人和群体。这个定义不仅将影响企业目标的个人和群体视为利益相关者，同时还将受企业目标实现过程中所采取行动影响的个人和群体也看作利益相关者，大大扩展了利益相关者的内涵。该理论认为：任何一个公司的发展都离不开各种利益相关者的投入或参与，企业追求的是利益相关者的整体利益，而不仅仅是某个主体的利益，这些利益相关者包括企业的股东、债权人、雇员、消费者、供应商等交易伙伴，也包括政府部门、本地居民、当地社区、媒体、环境保护主义者等压力集团。

（二）规制理论

规制是指根据一定的规则对构成特定社会的个人和构成特定经济关系经济主体的活动进行限制的行为。规制经济学是20世纪70年代以后逐渐发展起来的一门新兴学科，主要研究在市场经济体制下政府或社会公共机构如何依据一定的规则对市场微观经济行为进行制约、干预或管理。规制经济学主要是沿着规制机构对经济主体的进入和退出、价格、产量及服务质量行为展开研究，试图回答政府为什么要进行规制、规制代表谁的利益、哪些产业应该受到规制等问题。政府规制经历四次主题变迁，形成了公共利益规制理论、部门利益规制理论、放松规制理论和激励性规制理论等理论流派，这些理论都是基于政府规制机构与被规制企业在规制方案制定与实施中存在对称信息的假设。

新规制经济学是在信息不对称的前提下，把最优规制机制的设计作为研究的重点，运用博弈论以及机制设计理论，在规制者和规制企业的信息结构、约束条件和可行工具的前提下，分析双方的行为和最优权衡，从而发展出一套对规制实践更有解释力，更有指导意义的规范性理论。拉丰把建立在博弈论、机制设计理论和委托——代理理论基础上的激励规制理论称为新规制经济学。

二、研究方法

本书的研究主要是基于调查问卷而展开，首先设定情景行为目标为：推动碳减排，根据此行为目标，设计了一份碳减排主体及其行为研究调查问卷，见附录。调查问卷包括两类问题，一类是封闭式题目，一类是开放式题目，封闭式题目一般是客观题，问卷需要给出固定的答案选项，被调查者通过做选择题的方式来回答问题；开放式题目一般是主观题，问卷不需要给出固定的选项，被调查者可以自由回答问题。

本调查问卷的封闭式题目主要分两部分，第一部分是关于碳减排主体及其行为的重要性评价，第二部分是关于碳减排主体及其行为的满意度评价。题目全部为单选，请被调查者分别判断对各条目中问题答案的重要及满意程度。开放式题目主要包括 3 个主观题目，请被调查者按要求填写在横线上。

在对碳减排主体及实施的行为进行评价时，我们选择了量表调查方法，量表是调查性研究等领域常用的工具，一般包括三种量表：瑟斯顿量表（Thurston Scale）、格特曼量表（Guttman Scale）和李克特量表（Likert Scale）。相对于其他两个量表，李克特量表易于编制且有同样满意的信度，可以用来测量其他量表所不能够测量的某些多维度的复杂概念或态度。李克特量表是由美国社会心理学家李克特于 1932 年在原有的总加量表基础上改进而成的，可以灵活地进行统计分析，量表以一系列陈述开始，每一个陈述表达一种或明确赞成或明确不赞成的态度，被调查者要求对每一个陈述进行等级回答。本书的调查问卷即采用李克特量表，在衡量被调查者对各个主体推进碳减排的作用程度是否重要时，对每一问题的陈述有“非常重要、比较重要、一般、不太重要，很不重要”五种回答，分别记为 5、4、3、2、1 分，在衡量被调查者对各个主体推进碳减排的作用程度是否满意时，对每一问题的陈述有“非常满意、比较满意、一般、不太满意，很不满意”五种回答，分别记为 5、4、3、2、1 分，被调查者只需在认为最符合的数字上画“√”即可。

三、结果分析

本次调查共发放了调查问卷500份，收回有效问卷465份，问卷有效率为93%，符合问卷调查的基本要求，结果分析包括三个方面：第一，调查对象的个人背景信息描述；第二，碳减排的利益相关者识别；第三，碳减排的利益相关者行为重要性及满意度研究。

（一）调查对象的个人背景信息

调查问卷中对个人背景信息的描述性统计分析见表5.1，统计

表5.1　　调查问卷个人背景信息的描述性统计

年龄		文化程度		职业	
A. 18~30岁	19.4%	A. 初中及以下	3.7%	A. 事业单位行政人员	11.6%
B. 31~40岁	21.1%	B. 高中或中专	7.5%	B. 科研人员、教师	19.1%
C. 41~50岁	20.4%	C. 专科	26.7%	C. 学生	15.7%
D. 51~60岁	19.6%	D. 本科	34.2%	D. 公司职员	14.6%
E. 60岁以上	19.6%	E. 研究生	28.0%	E. 公司管理者	9.9%
性别		月收入水平		F. 公务员	7.31%
A. 男	50.3%	A. 2000元以下	21.1%	G. 工人	6.9%
B. 女	49.7%	B. 2001~5000元	34.2%	H. 个体经商者	7.5%
政治面貌		C. 5001~10000元	28.8%	I. 农民	5.6%
A. 中共党员	37.2%	D. 10001~20000元	10.8%	J. 其他	1.7%
B. 群众	59.8%	E. 20001元以上	5.2%		
C. 民主党派	3.0%				

项目分别为年龄、性别、政治面貌、文化程度、职业和月收入水平的分布比例。为了做到抽样分布合理，样本尽量符合每个特征的抽样占比平衡原则，考虑到本次调查题目的难易程度，文化程度方面主要选择了专科及以上层次的人群。

（二）碳减排利益相关者的识别研究

碳减排的利益相关者可从调查问卷题1中进行识别，题目见表5.2，共包括5类主体，调查分析结果见图5.1。

表5.2　碳减排利益相关者识别的调查题目

1	您认为以下主体对推进碳减排的作用程度如何？
A	各级政府及监管组织
B	各类企业
C	NGO（非政府）组织，如行业协会、商会
D	媒体
E	公众

从重要性来看，选择非常重要和比较重要两项的比重之和按从高到低的顺序依次为：第一是各级政府及监管组织，其次是各类企业，第三是公众，第四是媒体，第五是NGO。由此可见，被调查者认为节能减排的核心责任在于政府，企业是主要实施者，公众起到重要作用，但不如企业的作用重要，媒体起到一定作用，NGO作用最小。

从满意度来看，选择很不满意最多的为对企业，调查者对企业持排斥态度的比例较大，其次不满意的是NGO，说明我国的NGO发展还不成熟，没有对推动碳减排起到实质作用，对政府的态度选择很不满意和不太满意的人数合计占46.0%。在碳减排推动工作中，尽管政府做了很多努力，但仍有接近50%的人认为政府做的不够或是效率不高，说明政府的碳减排工作仍存在诸多需要改进之处。

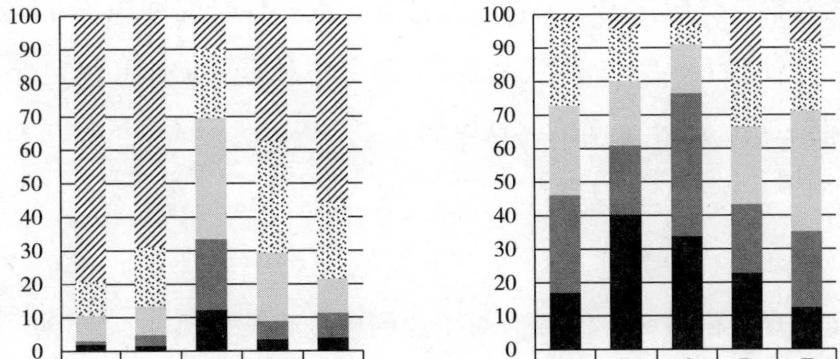

	A	B	C	D	E
非常重要	79.1	69.0	9.9	37.2	55.7
比较重要	10.3	17.6	20.6	33.5	22.8
一般	7.5	8.6	36.1	20.4	10.3
不太重要	1.1	3.2	21.1	5.4	7.3
很不重要	1.9	1.5	12.3	3.4	3.9

	A	B	C	D	E
非常满意	1.7	4.3	3.4	15.1	8.2
比较满意	25.4	15.5	5.6	18.5	20.6
一般	26.9	19.4	14.6	23.2	36.1
不太满意	29.0	20.6	42.6	20.4	22.6
很不满意	17.0	40.2	33.8	22.8	12.5

图5.1　碳减排利益相关者识别的调查题目分析结果（%）

通过开放式问题1（见附录），可以了解被调查者对政府碳减排工作的意见和建议以及今后需要改进的方向，大部分被调查者认为：政府在推进碳减排的工作中，应严格按照时间进程落实各项规划，如“十二五”规划中对节能减排的要求；应提高政府办事效率；碳减排指标应纳入政府绩效考核机制；对各类企业节能减排的负面信息要严格规制等。

（三）碳减排利益相关者行为的重要性及满意度研究

本部分针对碳减排的利益相关者实施的行为进行分析，五类主体为政府、企业、NGO、媒体及公众，通过问卷考察这些主体的行为对推进碳减排的重要性及满意度，重要性研究和满意度研究分别包含针对五类主体的各种问题，其中针对每类主体又包含若干小问题，总计为18个问题，具体如下。

1. 政府行为方面

政府行为方面的研究对应调查问卷中第2题，包括3小题：①宏观经济政策；②政府对企业的推进政策及行为；③政府对不同类型能源的推进政策及行为。

（1）政府的宏观经济政策

政府宏观经济政策方面的题目对应调查问卷中第2（1）题，调查题目见表5.3，分析结果见图5.2。

表5.3 政府宏观经济政策调查题目

2（1）	政府的宏观经济政策方面
A	法律政策：如颁布《节约能源法》等
B	价格政策：如促进能源价格和国际接轨等
C	税收政策：如征收能源税——成品油消费税等
D	行政政策：如将碳减排责任纳入政府政绩考核体系等
E	技术政策：如颁布《中国节能技术政策大纲》等

从重要性来看，被调查者大部分认为五种政策对推进碳减排都很重要，其中，经济政策包括价格政策和税收政策，选择非常重要的所占比重较高，行政政策次之，再次为法律政策，技术政策相对

来说最不重要，说明被调查者普遍对经济政策看好，认为通过市场经济方式来解决碳减排问题是当前最有效的办法。经济政策具有广覆盖，收效快的特点，而法律政策，技术政策仅能针对碳减排的某一方面而起作用，在被调查者中认可度不高。

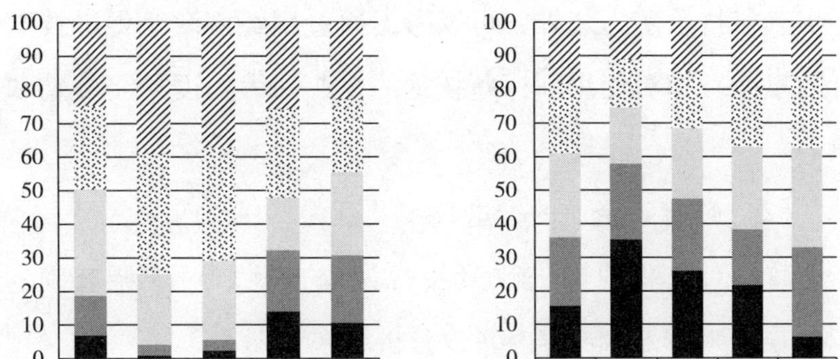

	A	B	C	D	E
非常重要	24.7	39.1	37.2	25.8	22.8
比较重要	24.9	35.7	33.5	26.5	21.7
一般	31.6	21.1	23.7	15.5	24.7
不太重要	11.8	3.2	3.2	18.3	20.2
很不重要	6.9	0.9	2.4	14.0	10.5

	A	B	C	D	E
非常满意	18.3	11.2	14.8	20.6	15.9
比较满意	20.6	14.2	16.8	16.3	21.5
一般	25.2	16.8	21.1	24.7	29.7
不太满意	20.4	22.6	21.3	16.6	26.7
很不满意	15.5	35.3	26.0	21.7	6.2

图 5.2　政府宏观经济政策调查题目分析结果（%）

从满意度来看，在五种政策中，被调查者认为对最重要的两类经济政策不满意占比较高，尤其是对价格政策的最不满意占比最高，分析如下。价格政策方面：考虑到我国国情及能源生产和消费现状，政府需要对能源价格进行保护，因此能源价格与国际接轨短期内无法实现。行政政策方面：我国的节能减排已经初步和政府绩效考核衔接，但绩效考核背后的根本是奖惩措施，二者如果无法同步，绩效考核也就没有了实际意义，未来，将碳减排纳入绩效考核可以作为一个有益的尝试。技术政策方面：技术政策对推动碳减排至关重要，目前，节能减排的核心技术仍被发达国家所掌控，引进技术需要高额投入，大型央企、国企可以在国家的支持下进行技术改造，淘汰落后产能，而我国数量众多的小微企业基本不具备相应的实力，我国的节能减排技术政策总体较显薄弱。落实技术政策除了提升科技软实力之外，可以考虑通过用经济政策促进技术政策提升的思路，如对使用环保新技术的企业加大力度给予补贴和优惠政策等。

（2）政府对企业的推进政策及行为

政府对企业的推进政策及行为调查题目对应调查问卷中第2（2）题，调查题目见表5.4，分析结果见图5.3。

对于表5.4的3个选项，在政府“对各类企业碳减排负面信息的规制”和“对企业实施碳减排过程和效果的监管及绩效考核”方面，被调查者认为相对重要但满意程度较低；在政府“对各类企业履行碳减排社会责任的倡议”方面，被调查者认为相对不重要但满意程度较高，这种结果可从主客观两方面进行解释。主观方面，说明被调查者认为相对重要的内容，要达到理想状态本身就更为困难，因为期望值较高；客观方面，最近几年，我国接连不断地出现一系列大型企业污染环境的负面事件，如紫金矿业水污染事件、哈药水污染及违规焚烧事件、康菲溢油事件等，越发引起被调查者对政府执政能力的怀疑，如果不能有效治理恶性事件，也就意味着政府在环境治理方面逐渐失去公信力。可能由于以上原因，本书的统计结果出现了如此高的不满意比重，这应当引起有关部门的高度重视，在碳减排实施过程中须引以为戒。

表 5.4　　政府对企业的推进政策及行为调查题目

2（2）	政府对企业的推进政策及行为
A	对各类企业履行碳减排社会责任的倡议
B	对各类企业碳减排负面信息的规制
C	对企业实施碳减排过程和效果的监管及绩效考核

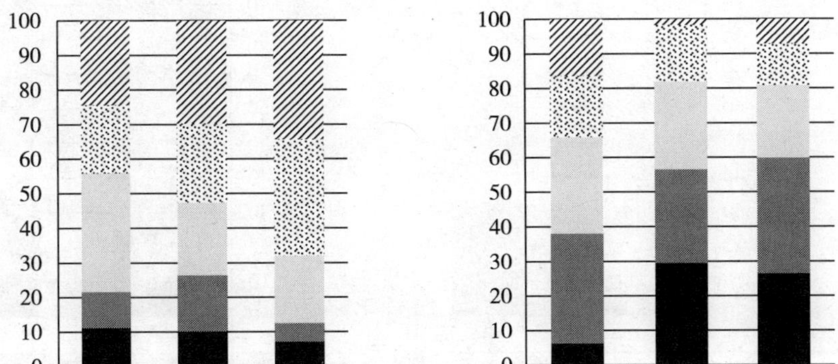

	A	B	C
非常重要	24.3	29.7	34.4
比较重要	19.8	22.8	33.5
一般	34.4	21.1	19.6
不太重要	10.3	16.3	5.4
很不重要	11.2	10.1	7.1

	A	B	C
非常满意	16.3	1.7	7.1
比较满意	17.6	16.3	12.0
一般	28.0	25.4	21.1
不太满意	31.8	27.1	33.3
很不满意	6.2	29.5	26.5

图 5.3　政府对企业的推进政策及行为调查题目分析结果（%）

（3）政府对不同能源类型的推进政策及行为

政府对不同能源类型的推进政策及行为调查题目对应调查问卷中第 2（3）题，调查题目见表 5.5，分析结果见图 5.4。

从重要性来看，大部分被调查者认为对非可再生能源的规制政策比对可再生能源的推进政策重要性更高。因为就中国目前的状况，化石能源消费一直在能源消费结构中占比很高，短时期内其格局基本不会改变，新能源的普及利用需要相当长的时间，其政策效应影响力度稍弱。

表 5.5　　政府对不同类型能源的推进政策及行为调查题目

2（3）	对不同类型能源的推进政策及行为
A	对非可再生能源的规制，如征收税费等
B	对可再生能源的推进，如对使用新能源的企业给予补贴等

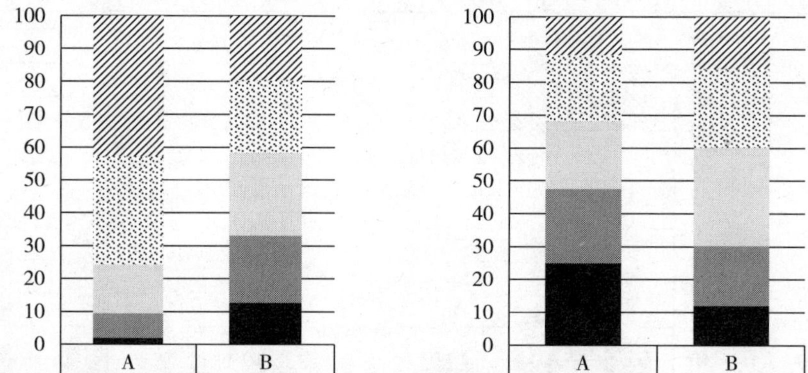

	A	B
非常重要	42.8	19.6
比较重要	32.9	22.2
一般	14.8	25.2
不太重要	7.5	20.4
很不重要	1.9	12.7

	A	B
非常满意	11.8	15.9
比较满意	20.0	23.9
一般	20.6	29.9
不太满意	22.6	18.3
很不满意	24.9	12.0

图 5.4　政府对不同能源类型的推进政策及行为调查题目分析结果（%）

从满意度来看，对非可再生能源政策的满意程度，在图 5.4 中，被调查者对此问题填写很不满意和不太满意的份额接近 50%。不满意的原因可能为两方面，一方面，我国的能源政策的确与国际接轨较慢，是由于国家给予了多年保护价格的原因，另一方面，很大程度上是由于题目直接触及了被调查者的利益，民众对目前的化石能源政策有诸多个性化的见解。对非可再生能源政策的调整，例如提升油价对企业及个人都非常敏感，政府一直持谨慎态度，2011 年我国石油的对外依存度已达 56%，未来还会越来越高。我国私家车的保有数量增长迅速，对油品的需求增长速度也很快，而国内原油的供应增长比较缓慢，每年增长1%～2%左右，供应增长慢和需求增长快的现实要求我国成品油定价要走向市场化。

对可再生能源政策的满意程度，选择“一般”的答案比例略高，可能是因为新能源政策正在逐步制定，全面实施尚需时日，很多被调查者还未体验到新能源政策所带来的影响。

2. 企业行为方面

企业行为方面的研究对应调查问卷中第3题，企业方面的问题设计涵盖了企业研发、生产、销售等各个环节，包括2小题：①企业战略及策略方面；②企业类型方面。

（1）企业战略及策略方面

企业战略及策略方面的题目对应调查问卷中第3（1）题，调查题目见表5.6，分析结果见图5.5。

表5.6　企业战略及策略调查题目

3（1）	企业战略及策略方面
A	建立环境管理体系认证，如ISO14001环境管理体系认证等
B	对员工定期进行环保培训
C	绿色采购制度
D	对新投资项目做环境影响评价
E	建立环保产品的研发与销售体系
F	环保技术设备的研发与应用，清洁生产、循环经济等措施和技术的实施
G	企业的环保投资占总投资的比重
H	是否开展环保公益活动
I	对环保违规负面信息是否积极响应并及时修正
J	是否使用新能源、可再生能源，其使用量或使用率达到一定指标
K	是否建立企业社会责任体系并包含碳减排责任
L	企业实施碳减排，有利于企业树立品牌形象，提高知名度和美誉度
M	企业实施碳减排，有利于在国际市场参与全球化竞争

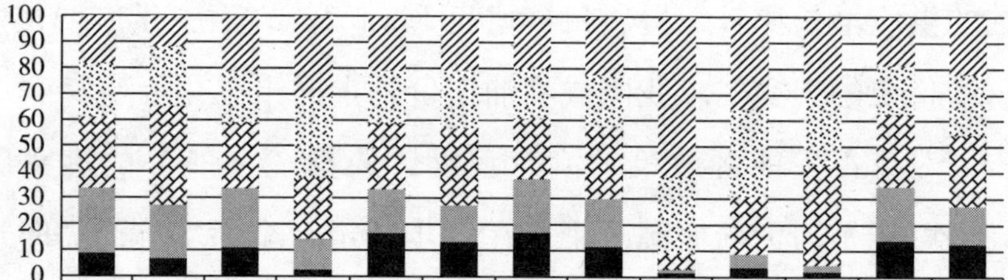

	A	B	C	D	E	F	G	H	I	J	K	L	M
非常重要	18.3	11.8	21.5	31.2	21.1	20.9	20.2	22.4	61.7	35.5	30.8	18.7	22.2
比较重要	20.6	22.8	19.6	31.4	20.4	22.4	19.1	20.2	29.2	33.8	26.2	18.9	23.4
一般	27.5	38.3	25.4	23.0	25.2	29.5	23.2	27.5	6.0	21.9	38.3	27.7	27.1
不太重要	24.7	20.4	22.6	11.8	16.8	14.0	20.4	18.3	1.3	5.2	2.6	20.6	14.6
很不重要	8.8	6.7	11.0	2.6	16.6	13.3	17.0	11.6	1.7	3.7	2.2	14.0	12.7

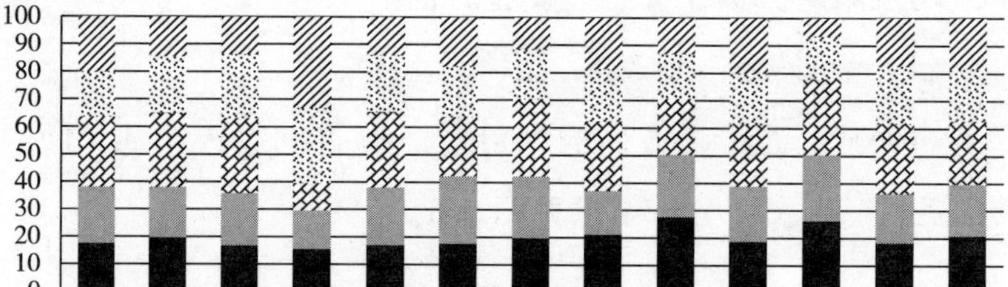

	A	B	C	D	E	F	G	H	I	J	K	L	M
非常满意	20.2	14.6	13.8	33.3	14.0	17.8	11.6	18.7	13.1	20.0	6.7	17.4	18.3
比较满意	16.3	20.4	23.2	27.1	20.6	18.5	18.1	18.9	16.3	18.7	15.5	20.9	19.1
一般	25.4	26.9	27.1	10.1	27.3	21.3	28.0	25.2	20.2	22.4	27.5	25.6	22.8
不太满意	20.6	18.5	19.1	14.0	21.1	24.7	22.6	16.1	22.8	20.2	24.1	17.8	18.9
很不满意	17.4	19.6	16.8	15.5	17.0	17.6	19.8	21.1	27.5	18.7	26.2	18.3	20.9

图 5.5　企业战略及策略调查题目分析结果（%）

在所有选项中，被调查者选择非常重要和比较重要占比较大的集中于以下几个条目。

①“对环保违规负面信息是否积极响应并及时修正”，企业在经营过程中不可避免会出现节能减排负面信息，企业的有效处理及自律可视为危机公关，反而可能会为企业带来新的商机，因此所占份额较高。

②“对新投资项目做环境影响评价”，我国的环境影响评价制度是在2002年《中华人民共和国环境影响评价法》发布后，自2003年9月开始施行的，环评制度在我国发挥了不可或缺的作用，被调查者认可度很高。

③“是否使用新能源、可再生能源，其使用量或使用率达到一定指标”，如果对企业使用新能源、可再生能源建立定量指标的测算，那么意味着新能源、可再生能源从理念走向了应用，这一项属于量化指标，被调查者认为比较容易操作。

④“是否建立企业社会责任体系并包含碳减排责任”，如果企业社会责任内容中规定有碳减排责任，并且大部分企业有此共识，那么企业碳减排的进度会大大推进，这一项也是多数被调查的意愿。

而以下几个条目，被调查者倾向于选择不重要的比例较大，具体原因如下。

①“建立环境管理体系认证，如ISO14001环境管理体系认证等”，1996年10月国际标准化组织（ISO）正式颁布了ISO14000系列标准，同年我国等同转换为国家标准，环保意识比较强的企业会主动申请加入标准，对于推进节能减排起到了一定作用。

②“对员工定期进行环保培训”，目前，企业培训多集中于技术、管理等内容，环保培训几乎没有。

③“绿色采购制度”，在我国基本没有建立相应的绿色采购理念和意识，此项选择较少。

④“建立环保产品的研发与销售体系”、“环保技术设备的研发与应用，清洁生产、循环经济等措施和技术的实施”、“企业的环

保投资占总投资的比重”，目前部分大型企业已开始重视，小型企业几乎没有。

⑤“是否开展环保公益活动”、“企业实施碳减排，有利于企业树立品牌形象，提高知名度和美誉度”、“有利于在国际市场参与全球化竞争”，这些条目属于企业在实现基本目标之上可能会考虑的较高层次的目标，对于中小企业来说近期很难达到。

在满意度方面，答案比较分散，被调查者持满意态度比重较大的仅有1项：“对新投资项目做环境影响评价”。持不满意态度比重较大的包括2项：“对环保违规负面信息是否积极响应并及时修正”、“是否建立企业社会责任体系并包含碳减排责任”，此外，对其他各个条目的选项分布没有明显的集中趋势，说明被调查者对企业在减排具体行动方面的看法不一。

（2）企业类型方面

企业类型方面的题目对应调查问卷中第3（2）题，调查题目见表5.7，分析结果见图5.6。

表5.7　企业类型调查题目

3（2）	企业类型方面
A	中央企业、国有企业对整个社会碳减排的作用程度
B	私营企业对整个社会碳减排的作用程度
C	外资企业对整个社会碳减排的作用程度

在重要性方面，选择央企和国企为非常重要和比较重要两项之和超过了90%，而选择外企的超过了80%，说明被调查者认为：企业减排大户在央企、国企和外企，主要原因在于：第一，央企、国企的资产属国家所有，应该在履行碳减排方面承担责任；第二，

外企在中国使用了中国的人力、资本等优势资源，如果增加了碳排放而不履行或少履行减排责任，对外企来说是双赢，而对我国来说是双输。

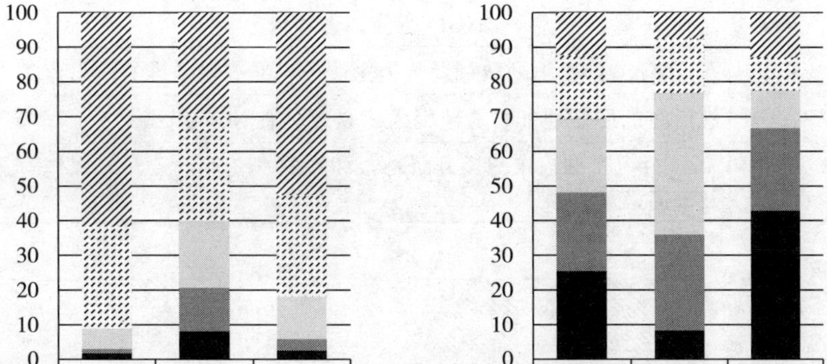

	A	B	C
非常重要	61.7	29.2	53.5
比较重要	29.2	30.8	29.7
一般	6.0	19.4	12.5
不太重要	1.3	12.5	3.4
很不重要	1.7	8.2	2.6

	A	B	C
非常满意	12.3	7.5	12.9
比较满意	18.5	15.7	9.7
一般	21.1	40.9	10.8
不太满意	22.8	27.5	23.9
很不满意	25.4	8.4	42.8

图 5.6　企业类型调查题目分析结果（%）

在满意度方面，被调查者对外企减排的满意度最差，选择很不满意和不太满意两项之和超过了 60%，对央企和国企，选择很不满意和不太满意两项之和接近 50%。

通过问卷中开放式问题 2（见附录）的调查发现，对外企比较满意之处填写的答案多是：推动了减排技术进步并迅速普及，不满意之处填写的答案多是：外企并未主动承担碳减排的责任，而是想方设法规避责任。对国企比较满意之处多在于：能源央企的减排推进速度较快；对国企不满意之处多在于：国企体制亟待改革。

3. NGO 行为方面

NGO 行为方面的研究对应调查问卷中第 4 题，调查题目见表 5.8，分析结果见图 5.7。

表 5.8　　　　NGO 行为调查题目

4	在 NGO 方面：下列政策及行为您认为对推进碳减排的作用程度如何？
A	您所在的居住地（省域范围内）是否具有 NGO 组织
B	NGO 组织在推进碳减排方面是否和政府、企业、公众、媒体等进行沟通及沟通效果

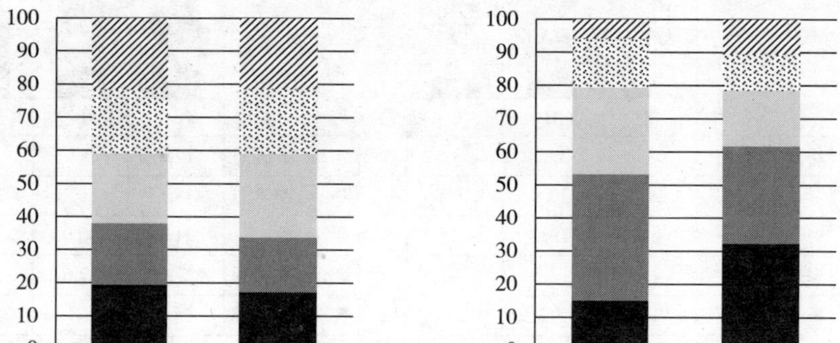

	A	B
非常重要	21.7	21.5
比较重要	19.1	19.4
一般	21.1	25.4
不太重要	18.7	16.6
很不重要	19.4	17.2

	A	B
非常满意	5.8	10.5
比较满意	14.8	11.0
一般	26.0	16.8
不太满意	38.3	29.5
很不满意	15.1	32.3

图 5.7　NGO 行为调查题目分析结果（%）

在重要性方面，对于“您所在的居住地（省域范围内）是否具有 NGO”，五类选项分布比较均衡，说明被调查者对此问题看法不一。在我国，NGO 始终没有成长起来，不具有与其他主体相提并论的地位，在碳减排实施过程中自然没有足够的话语权，在人们心目中几乎没有任何影响力，很多人甚至不知道所在的居住地（省域范围内）是否有 NGO，更不用说了解 NGO 的作用了。因此，对于“NGO 在推进碳减排方面是否和政府、企业、公众、媒体等进行沟通及沟通效果”这个问题，被调查者也就无法得出比较明确的答案了。

在满意度方面，对于以上两个问题，回答很不满意和不太满意两项之和的比例较高，由于对 NGO 的工作任务并不明确，被调查者认为我国应大力推动 NGO 的建设，明确其工作性质，让其成为推动碳减排工作不可或缺的一部分，成为除政府、企业之外的具有话语权和实质作用的第三方。

4. 媒体行为方面

媒体行为方面的研究对应调查问卷中第 5 题，调查题目见表 5.9，分析结果见图 5.8。

在重要性方面，对于选项“媒体在披露碳减排负面信息方面，其有效性和及时性”及选项“媒体是否站在客观中立的角度进行事实性报道”，选择非常重要和比较重要两项之和的比例均超过了 90%，说明被调查者更看重负面信息的报道。目前，媒体信息环境良莠不齐，更多的公众对正面信息持怀疑和否定态度，因此，也就更关注负面信息的真实性报道。

在满意度方面，对于选项“媒体在披露碳减排负面信息方面，其有效性和及时性”及选项“媒体是否站在客观中立的角度进行事实性报道”，回答很不满意和不太满意两项之和的比例均超过 65%，反映出我国媒体的从业道德和信息质量亟待提升。公众希望媒体的态度是客观中立，报道事实，尤其是报道负面信息方面，舆论的力量有时甚至可以超越其他几个主体的综合作用，如果舆论本身失实，那么对所报道的对象可能具有毁灭性的打击。总之，媒体的信息环境还需加大力度进行整治。

表 5.9　　媒体行为调查题目

5	在媒体方面：下列政策及行为您认为对推进碳减排的作用程度如何？
A	媒体在报道碳减排正面信息方面，其有效性和及时性
B	媒体在披露碳减排负面信息方面，其有效性和及时性
C	媒体是否站在客观中立的角度进行事实性报道

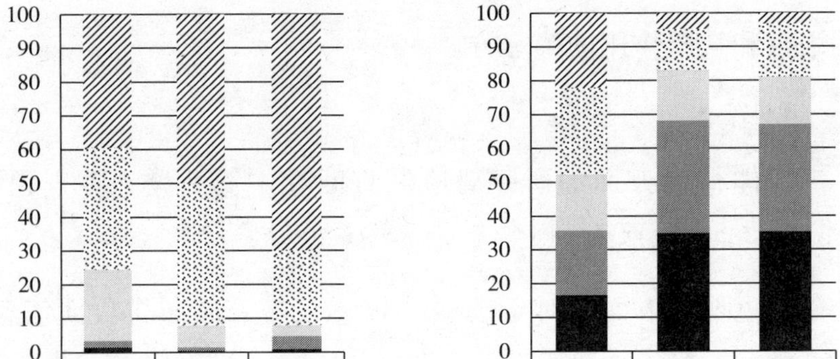

	A	B	C
非常重要	39.4	49.9	69.9
比较重要	36.1	42.2	22.2
一般	21.1	6.5	3.2
不太重要	1.9	1.1	3.9
很不重要	1.5	0.4	0.9

	A	B	C
非常满意	22.2	4.7	3.2
比较满意	25.4	12.0	15.7
一般	16.8	15.1	14.0
不太满意	19.1	33.3	31.8
很不满意	16.6	34.8	35.3

图 5.8　媒体行为调查题目分析结果（%）

通过开放式问题 3（见附录）可以了解到，在目前的主流媒体：网络、电视、报纸和广播中，更多被调查者倾向于选择网络，原因是信息量大、速度快；部分人选择电视、报纸，原因是信息真实可靠；选择广播的人较少，主要集中于老年和学生群体。

5. 公众行为方面

公众行为方面的研究对应调查问卷中第6题，包括2小题：①公众对公共政策的认知和履行方面；②公众对自身行为的认知和履行方面。

（1）公众对公共政策的认知和履行方面

公众对公共政策的认知和履行方面的研究对应调查问卷中第6（1）题，调查题目见表5.10，分析结果见图5.9。

在重要性方面，被调查者认为其重要性大致排序为：第一是“公众对碳减排政策的履行程度”，第二是“公众对碳减排政策的认同程度”，第三是“公众对碳减排政策的关注程度”。根据行为心理学理论，可以对三个选项做一比较，认同优先于履行，而关注优先于认同。一个人如果想把对事物的感知变成行动，首先，要注意到这个事物的信息，充分认知让其成为脑中的备择材料，如果信息无法引起注意就会被忽略掉，更谈不上行动；其次，要对这个信息有足够认同，如果认同程度不高，结果也是忽略；最后，用行动去完成这个认同，才算是真正地履行。信息是客观存在的，但不一定对于每个人都有作用，不同的人会根据主观能动性做决策，选择接受或是忽略掉此信息，形成不同的结果。对于前两项“公众对碳减排政策的关注程度”和“公众对碳减排政策的认同程度”所起的作用仅限于改变了自身的认知或是改变了其他人的认知，这是行动的前期阶段，如果通过这种认知，推动了自身或其他人顺利进入到行动阶段，则说明发挥了较大作用。所以，最终对碳减排起到实质性推动作用的是公众对碳减排政策的履行程度，从调查结果来看，被调查者对此问题的看法和行为心理学的分析是比较一致的。

在满意度方面，被调查者认为最不满意的是“公众对碳减排政策的履行程度”，因为行为层面是关注层面和认同层面的第三阶段，也是最高级阶段，与其他两个层面相比，它最难做到，能够做到的人数最少，在整个社会中所占比例也最少，因此大家主观上会形成比较一致的结论。

表 5.10　公众对公共政策的认知和履行调查题目

6（1）	公众对公共政策的认知和履行方面
A	公众对碳减排政策的关注程度
B	公众对碳减排政策的认同程度
C	公众对碳减排政策的履行程度：如在北京是否愿意自觉遵守汽车限行规定等

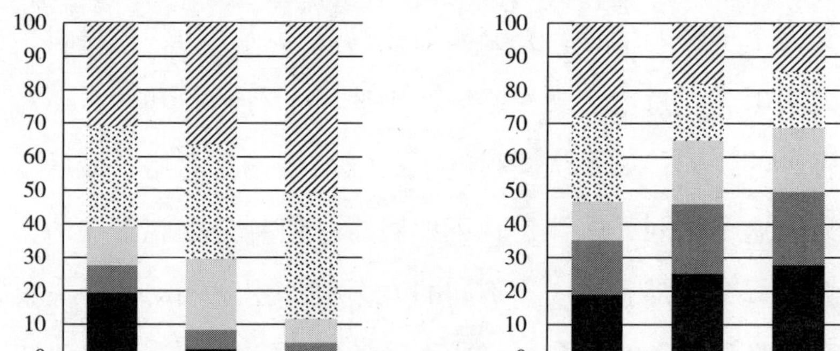

	A	B	C
非常重要	31.0	36.3	50.8
比较重要	29.7	34.2	37.6
一般	11.8	21.1	7.1
不太重要	8.2	5.8	2.6
很不重要	19.4	2.6	1.9

	A	B	C
非常满意	28.0	18.1	14.4
比较满意	25.4	17.0	16.8
一般	11.4	18.9	19.1
不太满意	16.3	20.9	21.9
很不满意	18.9	25.2	27.7

图 5.9　公众对公共政策的认知和履行调查题目分析结果（%）

（2）公众对自身行为的认知和履行方面

公众对自身行为的认知和履行方面的研究对应调查问卷中第6（2）题，调查题目见表5.11，分析结果见图5.10。

表5.11　公众对自身行为的认知和履行调查题目

6（2）	在公众对自身行为的认知和履行方面，下列政策及行为您认为对推进碳减排的作用程度如何？
A	公众的消费方式：与普通产品相比，公众是否更愿意购买环保产品，如购买节能家电等
B	公众的出行方式：与高耗能出行方式相比，公众是否更愿意选择乘坐公交和地铁等
C	公众的居家方式：如公众是否及时关闭不用的电器，少乘电梯等

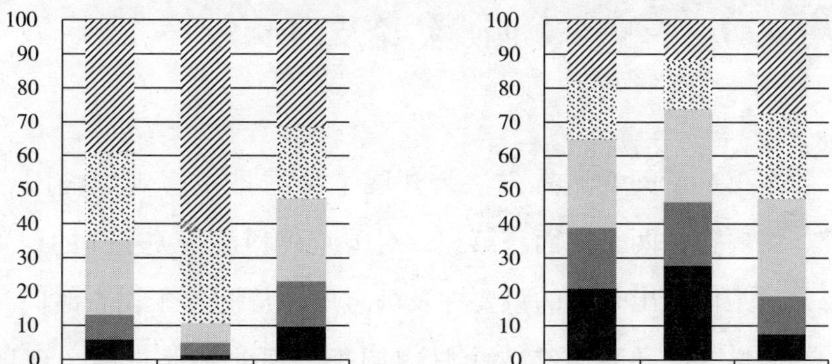

	A	B	C
非常重要	38.9	62.2	31.6
比较重要	26.0	27.1	20.9
一般	21.9	5.8	24.5
不太重要	7.3	3.7	13.3
很不重要	5.8	1.3	9.7

	A	B	C
非常满意	17.8	11.6	27.3
比较满意	17.4	14.6	25.2
一般	25.8	27.3	28.8
不太满意	18.1	18.7	11.2
很不满意	20.9	27.7	7.5

图5.10　公众对自身行为的认知和履行调查题目分析结果（%）

在重要性方面，被调查者选择非常重要及比较重要两项合计占比从高到低排序为：第一是“公众的出行方式”，第二是“公众的消费方式”，第三是“公众的居家方式”，可以推断，交通出行形成的碳排放规模相对较大，所以被调查者认为其对推动碳减排最重要。

在满意度方面，被调查者认为满意度从高到低的一个大致排序为：第一是“公众的居家方式”，第二是“公众的消费方式”，第三是“公众的出行方式”，一般来说，居家生活的节能减排比较容易做到；是否购买环保产品有个人偏好问题，不可能成为消费者的普遍消费倾向；出行方式则是政府规制和个人遵守合力作用的结果，较难实现。

四、结论及启示

本书基于问卷调查方法，开展了碳减排主客观影响因素的研究，主要包括两个方面：第一，对碳减排利益相关主体的识别，第二，对主体发出行为的重要性及满意度评价。鉴于调查时间及地点的局限性，问卷着重在 3 个月内调查了河北和北京两个地区的人群，得出的结论还需进一步推广和验证。

（一）碳减排利益相关者识别研究的启示

调查问卷中对于碳减排的利益相关者识别这个问题，本书的选项中包括五类主体，他们分别是政府、企业、NGO、媒体及公众，综合调查结果，本书认为这五类主体在推进碳减排的工作中都很重要，不可或缺，由于多种原因有的主体如 NGO 发展尚不成熟，它的重要性还未被人们完全认知，但并不表明它不重要。

基于利益相关者理论和规制理论，本书提出一个碳减排概念模型——五主体互动响应模型，见图 5. 11，在碳减排工作中，五类主体的作用各不相同，本书对其的基本定位是：政府起到主导作用，企业和公众是减排的主体，NGO 主要起协调作用，媒体的任务是做好监督工作。

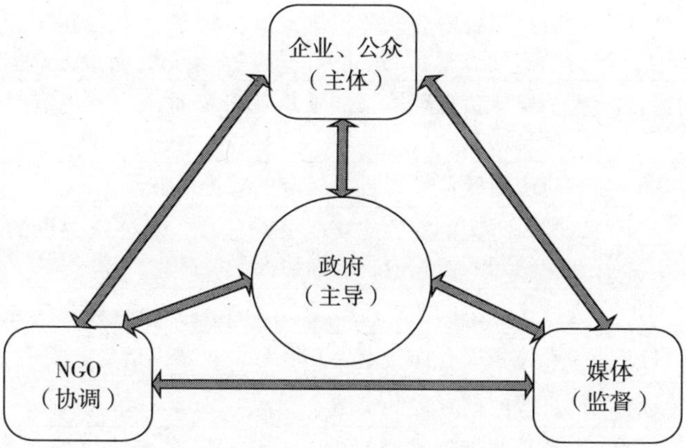

图 5. 11　碳减排五主体互动响应模型

（二）碳减排利益相关者行为研究的启示

通过调查问卷，本书对五类主体发出的行为有了基本的认知，他们构成碳减排的利益相关者，本书将其服务的目标对象及工作内容进行提炼，见表 5. 12。这为碳减排提出了一个可操作性的工作框架，由此可知：第一，五类主体在推动碳减排的过程中，并非孤立地行动，而是相互之间有着复杂作用的；第二，每类主体的任务都不是单一的，都受到其他多个主体的影响，碳减排应是在多主体协同推进的力量中开展工作的，如果各个主体能够进行良性互动，在一个利益高度平衡的机制下工作，那么实现理想减排目标的进程就会加快。

表 5.12　　基于利益相关者的碳减排推进工作框架

碳减排主体	目标对象	碳减排工作内容
政府	对企业	进行碳减排目标引导、进度推进、内容制定，提出碳减排的行业规范、规章政策等，通过经济、技术、行政、法律等手段进行规制
	对 NGO	对其进行扶持，引导其成长，响应其倡议
	对公众	建立专门渠道让公众对企业履行碳减排的行为进行监督和评价，适时推出针对公众的减排政策，如《“十二五”节能减排全民行动实施方案》，建立专门的建言渠道，听取公众倡议
	对媒体	整治媒体信息环境，加强从业者资质认定，规范报道内容，提高信息质量
企业	对政府	响应政府政策，履行其规定的减排任务
	对公众	碳减排方案的实施应接受公众监督，对公众倡议的节能减排方式应给予积极响应，沟通协商
	对 NGO	碳减排方案的实施应接受 NGO 监督，重视其提议并给予响应
	对媒体	与媒体积极合作，定期开展对企业减排信息的报道宣传
NGO	对政府	推进政府碳减排的实施
	对企业	引导企业推进碳减排的工作进度，监督、评价企业减排行为，可作为第三方及时发布公平的评测结果
	对公众	引导公众提升对碳减排理念的理解，协调企业与公众之间的利益诉求
	对媒体	积极利用媒体推进减排正负面信息的公开
媒体	对政府	和政府开展信息实时传递和交流，特别是负面信息的披露应让政府尽早获悉，以便于其开展全局性的政策安排
	对企业	发布减排正面信息，重视对企业负面信息的真实性披露
	对 NGO	积极宣传 NGO 的理念、作用、任务等，在减排信息披露时可邀请 NGO 作为第三方鉴证信息的客观真实性
	对公众	通过多种方式引导公众建立正确的舆论导向
公众	对政府	积极履行政府制定的针对公众的碳减排方案，通过各种渠道监督政府碳减排的政策制定及实施过程，通过可行渠道进行建言
	对企业	监督企业碳减排实施过程、进度及效果
	对 NGO	响应 NGO 的提议及行动，监督 NGO 的工作过程，如 NGO 对政府和企业实施碳减排的促进工作，通过可行渠道建言
	对媒体	主动向媒体披露碳减排负面信息，对非客观虚假信息及时向有关部门举报

五、本章小结

本章尝试通过一个新的视角对中国化石能源消费碳排放的影响因素进行研究，主要包括：第一，依据经济学、管理学中的利益相关者理论、规制理论，基于一个利益相关者的视角，从主观影响因素方面进行探讨。第二，研究方法以问卷调查为基础，设定目标情景，设计调查问题，进行结果分析。第三，调查问卷设计及统计分析借助了心理学的一些观点，探索了主体发出某种行为的原因及过程。第四，基于调查问卷，本书探索性地研究了推进碳减排的利益相关者及其行为影响，在此基础上，构建了一个概念模型——五主体互动响应模型，组成模型的主体分别是政府、企业、NGO、媒体和公众，他们都是推进碳减排的利益相关者，提出了一个五主体共同参与的碳减排工作框架。

第六章
案例分析：中国碳排放大省实证研究——以河北省为例

作为传统工业大省和能源消耗大省，近几年，河北省的能源消费对经济增长的贡献率有所下降，而能源消费引起的碳排放量却增长迅速，由此引发的问题值得长期关注，本书对河北省能源消费碳排放进行相关研究，以利于有针对性地实施节能减排政策，履行国家“十二五”规划的要求及更好地应对气候变化挑战。

本书对主要年份河北省的碳排放量、碳排放变动量等进行了格局刻画、脱钩测算及 LMDI 指数分解，探索其发展变化规律，选取典型时段并结合国家政策及地方现状进行了原因分析，并从五个方面提出了政策建议。作为能源消费大省，河北省的减排状况不容乐观，今后还需按照我国“十二五”规划的要求，进一步促进经济发展方式的转变，努力向“资源节约型、环境友好型”省份迈进。

一、研究区概况及数据来源

河北省化石能源资源丰富，是全国近代能源工业发展较早的地区，也是全国主要能源供应基地之一，冀中煤炭基地是国家确定的13个煤炭基地之一，煤炭探明储量147.1亿吨；河北省拥有华北、冀东、大港三大油田，累计探明储量27亿吨，原油年产量近千万吨，天然气储量1800亿m^3，年产量近10亿m^3。

本章研究的数据来源于《河北经济年鉴2013》，《新中国六十年统计资料汇编1949~2008》等，包括：各年份GDP，能源消耗总量，煤炭、石油、天然气能源消费量占能源消耗总量的百分比数，细分行业的能源消费量等，其中将每年GDP按当年价计算的数值换算为1978年不变价格计算的GDP，以保证数据的可比性和客观性。

二、河北省碳减排时空格局

（一）碳排放总量及分品种能源消费产生的碳排放量演变格局

本书对河北省化石能源消费碳排放量的测算主要借鉴第二章中的方法进行，结果如下。

1. 碳排放总量的演变格局

对 1980 ~ 2012 年河北省碳排放总量的测算结果见表 6.1，其变化趋势见图 6.1、图 6.2。分析表明：在图 6.1 中，碳排放总量呈上升趋势，其中在 2000 年前及 2007 年后，碳排放总量呈现平稳增长趋势，在 2000 ~ 2007 年间则增长迅速。在图 6.2 中，从河北省碳排放总量占全国碳排放总量的份额变动情况来看，从 1980 ~ 1999 年，河北省碳排放占比徘徊在 5% ~8% 之间，在 2000 ~ 2011 年，则在 8% ~10% 之间波动，由此可见，河北省碳排放在我国碳排放总量占比中一直占据高位。

表 6.1　1980 ~ 2012 年河北省碳排放总量及分品种能源消费引起的碳排放量

单位：万吨

年份	碳排放总量	煤炭消费引起的碳排放量	石油消费引起的碳排放量	天然气消费引起的碳排放量
1980	2177.34	1927.25	224.94	25.14
1981	2565.85	2375.00	166.23	24.62
1982	2760.76	2506.27	224.82	29.66
1983	2950.52	2714.44	214.96	21.12
1984	3140.11	2828.19	287.82	24.10
1985	3214.68	2971.70	212.50	30.48
1986	3580.58	3306.20	240.13	34.25
1987	3899.76	3618.08	250.32	31.35
1988	4216.18	3922.88	263.21	30.09
1989	4364.19	4068.84	266.83	28.52
1990	4324.98	4020.00	270.70	34.28
1991	4575.77	4261.88	277.39	36.51
1992	4856.72	4519.58	298.13	39.02
1993	5550.88	5148.08	370.79	32.01

续表

年份	碳排放总量	煤炭消费引起的碳排放量	石油消费引起的碳排放量	天然气消费引起的碳排放量
1994	5784.04	5367.31	379.32	37.41
1995	6296.23	5836.42	424.36	35.45
1996	6330.55	5880.94	412.07	37.53
1997	6399.16	5928.71	437.13	33.33
1998	6474.26	5963.01	477.10	34.15
1999	6640.87	6134.16	471.70	35.00
2000	7948.80	7397.79	511.13	39.88
2001	8622.24	8083.98	502.29	35.96
2002	9525.11	8874.84	610.47	39.79
2003	10910.53	10312.91	554.80	42.82
2004	12319.77	11488.11	776.48	55.18
2005	14110.96	13233.86	825.78	51.32
2006	15496.18	14503.81	930.44	61.93
2007	16801.13	15827.69	905.42	68.02
2008	17316.49	16313.27	906.52	96.69
2009	18098.45	17085.94	882.07	130.44
2010	19395.68	18093.71	1133.83	168.13
2011	20678.37	19206.52	1274.19	197.66
2012	21068.54	19518.06	1301.59	248.88

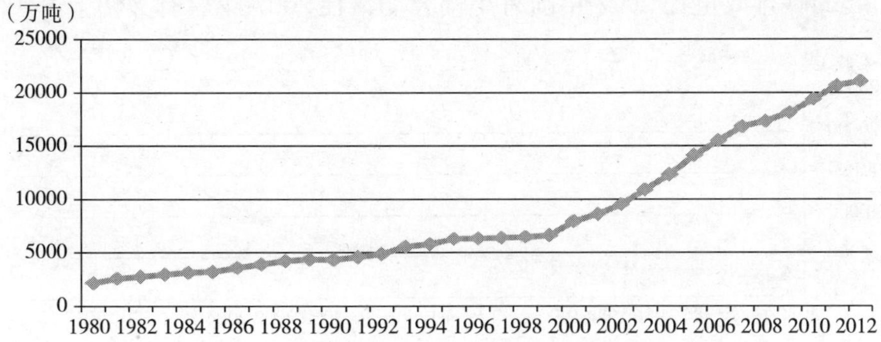

图 6.1　1980～2012 年河北省碳排放总量变动图

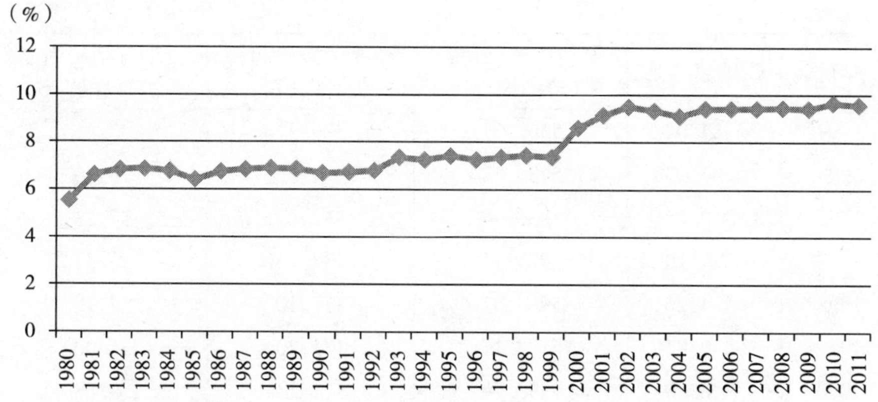

图 6.2　1980～2011 年河北省碳排放总量占比全国份额变动图

2. 三类分品种能源消费引起的碳排放量演变格局

对 1980～2012 年河北省分品种能源引起的碳排放量测算结果见表6.1，其变化趋势见图6.3、图6.4、图6.5。分析表明：煤炭消费引起的碳排放量占了绝对份额，天然气消费引起的碳排放量较少。三类分品种能源引起的碳排放量均呈波动增长趋势，在图6.3 中，煤炭消费引起的碳排放量在 1980～1999 年之间增长缓慢，2000 年后增长迅速，2007 年之后增长趋缓；在图6.4 中，石油消费引起的碳排放量总体趋向增长，但期间波动比较剧烈；在图6.5 中，天然气消费引起的碳排放量在 2007 年前有小幅波动，在 2007 年后有大幅上升。

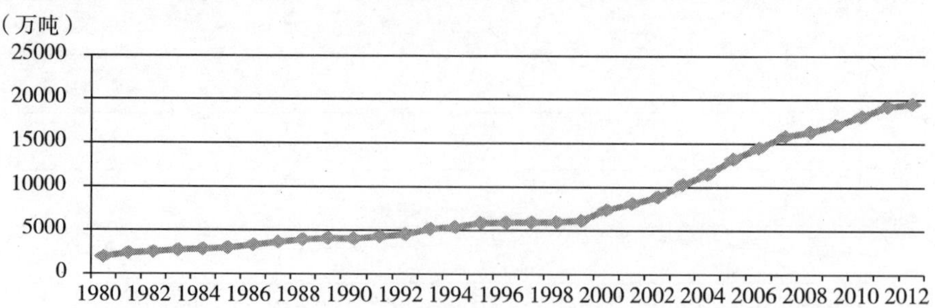

图 6.3　1980～2012 年河北省煤炭消费引起的碳排放量变动图

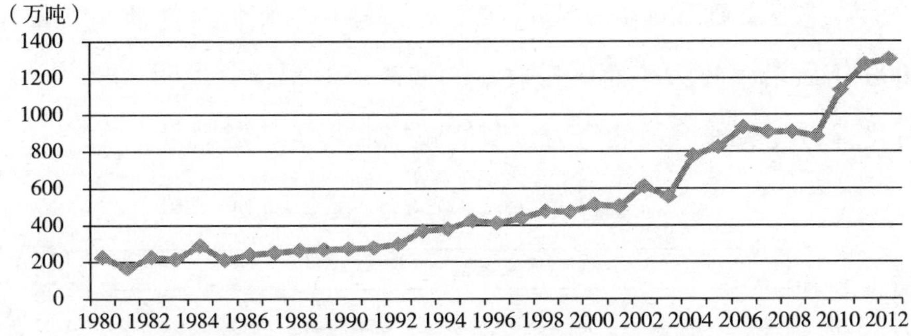

图 6.4　1980～2012 年河北省石油消费引起的碳排放量变动图

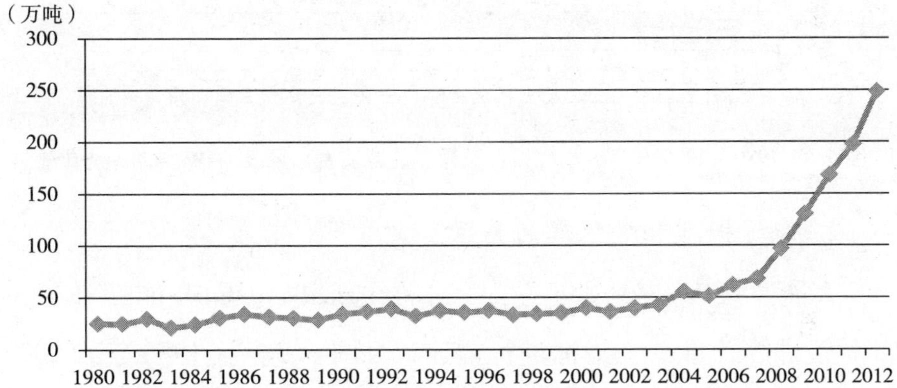

图 6.5　1980～2012 年河北省天然气消费引起的碳排放量变动图

（二）碳排放与经济增长的相似关系分析

1. 碳排放、能源消费与 GDP 的关系

从 1980～2009 年，河北省能源消费总量、碳排放总量及 GDP 均呈增长趋势，见图 6.6，所不同的是：GDP 在 1980～1990 年呈现平稳增长，之后在 1991～2000 年，2001～2009 年每个阶段的增幅都高于前一个阶段。能源消费量在 1980～1999 年呈现平稳增长，在 2000～2006 年呈现快速增长，在 2007～2009 年又恢复平稳增

长。碳排放量则和能源消费量的变动趋势基本相似，能源消费量在2000年后增幅较大，而碳排放量的增速相对平缓，说明2000年后，河北省通过多种途径的努力，节能减排取得了一定效果。

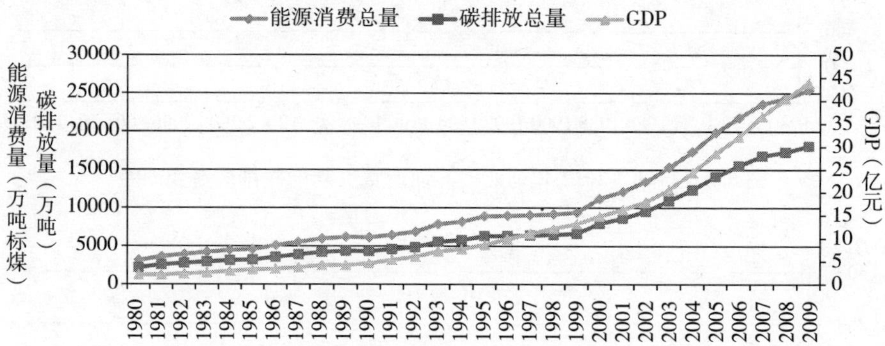

图 6.6　1980 ~ 2009 年河北省碳排放总量、能源消费总量及 GDP 变动趋势比较

2. 能源强度和碳强度的关系

在能源强度和碳强度方面，本书选取单位 GDP 能耗和单位 GDP 碳排放总量 2 个指标进行描述，见图 6.7。从 1980 年到 2009 年，能源强度总体趋于下降并先后在 1981、1986、1989、2000 年出现小范围波动内的峰值，碳强度则与能源强度的变动趋势基本一致。以 1980 年和 2009 年作为基期和末期来分析，按 1978 年不变价格计算，河北省单位产值能耗由 0.152 吨标煤/万元下降到 0.058 吨标煤/万元，能源强度下降了 61.8%，单位 GDP 碳排放总量由 0.097 吨/万元下降到 0.038 吨/万元，碳强度下降了 60.8%。因此，可说明经济增长的能源要素驱动作用程度在下降，碳强度随能源强度变动程度相似，降低能源强度对碳减排具有积极作用。

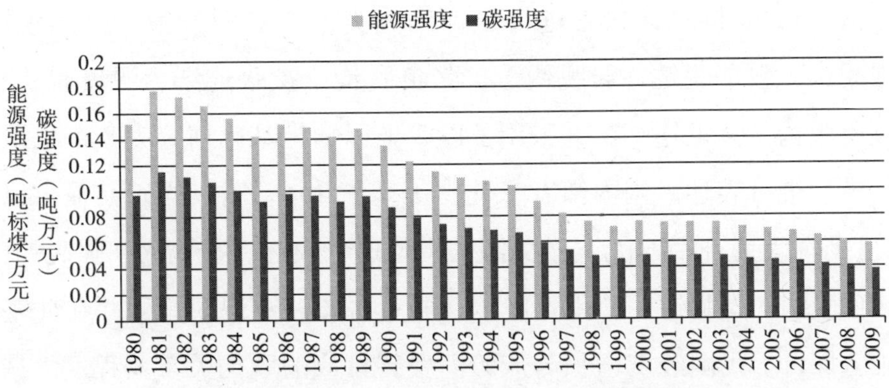

图 6.7　1980～2009 年河北省能源消费强度和碳强度

三、河北省碳排放时空格局的演变机理——基于脱钩弹性指数的分析

（一）脱钩的定义及度量

脱钩分析成为近年来新的热点研究领域，在资源环境层面，这一概念被用来描述经济增长与资源环境冲击耦合关系的破裂，即资源消费数量或环境破坏程度不随经济的增长而增长。世界银行认为：脱钩是经济活动的环境冲击逐步减少的过程。OECD 认为脱钩是在一定时期，环境压力的增长率小于它的经济驱动增长率，把脱钩分为绝对脱钩和相对脱钩，绝对脱钩就是指在经济增长的同时环境压力保持稳定甚至下降，相对脱钩则指环境压力以正的速度增长但其速度小于经济增长速度。

对于脱钩的度量主要是利用弹性来测度其脱钩程度，例如：Tapio 针对交通容量与 GDP 的脱钩问题提出弹性系数，根据弹性系数值，Tapio 将脱钩状态进行了详细分类，将其划分为 8 个类型：强脱钩、强负脱钩、弱脱钩，扩张负脱钩、扩张连结、弱负脱钩、衰退脱钩、衰退连结，并采用了以 2 坐标轴为基础划分为 8 个象限的模型进行表述。国内学者彭佳雯等基于 Tapio 等人的研究提出以 2 坐标轴为基础划分为 6 个象限的模型进行表述，分别为：强脱钩、强负脱钩、弱脱钩，扩张负脱钩、弱负脱钩、衰退脱钩，并在此基础上探讨了我国经济增长与能源消费碳排放的脱钩关系及程度，从全国层面、地区层面上分析了二者脱钩发展的时间和空间演变趋势。

（二）脱钩弹性的指数测算、状态表述及模型表达

基于相关研究，本书提出 3 个脱钩弹性指数，分别为：碳排放与 GDP 的脱钩弹性指数 cg，能源消费与 GDP 的脱钩弹性指数 eg，碳排放与能源消费的脱钩弹性指数 ce，其计算公式如下：

$$cg = \%\Delta C / \%\Delta GDP = (C_i/C_1 - 1)/(G_i/G_1 - 1) \tag{6.1}$$

$$eg = \%\Delta E / \%\Delta GDP = (E_i/E_1 - 1)/(G_i/G_1 - 1) \tag{6.2}$$

$$ce = \%\Delta C / \%\Delta E = (C_i/C_1 - 1)/(E_i/E_1 - 1) \tag{6.3}$$

以上式子中，$\%\Delta C$ 为碳排放在末期相对于基期的变化率；$\%\Delta GDP$ 为国内生产总值在末期相对于基期的变化率；$\%\Delta E$ 为能源消费总量在末期相对于基期的变化率；E_i，E_1 分别为末期和基期的能源消费量；G_i，G_1 分别为末期和基期的国内生产总值；C_i，C_1 分别为末期和基期的能源消费引起的碳排放量。

cg 和 eg 的模型表述分别见图 6.8、6.9，ΔC、ΔE、ΔGDP 分别为碳排放、能源消费和国内生产总值在末期 i 相对基期 1 的增量。每个指数都包括 6 种脱钩类型，分别落于由 2 个变量组成横纵坐标

轴的 6 个象限内，6 种脱钩类型分别为：强脱钩、强负脱钩、弱脱钩、扩张性负脱钩、弱负脱钩、衰退性脱钩，模型解释见表 6.2，其中，强脱钩为最理想状态，强负脱钩为最不理想状态，在解释 cg 和 eg 时，ce 作为中间变量考虑。

表 6.2　各类脱钩状态的表述和含义

脱钩状态	碳排放与经济增长的脱钩状态特征	能源消费与经济增长的脱钩状态特征
强脱钩	经济增长，碳排放下降	经济增长，能耗下降
强负脱钩	经济衰退，碳排放增加	经济衰退，能耗增加
弱脱钩	经济增长，碳排放增加，碳排放增加的幅度小于经济增长的幅度	经济增长，能耗增加，能耗增加的幅度小于经济增长的幅度
扩张性负脱钩	经济增长，碳排放增加，碳排放增加的幅度大于经济增长的幅度	经济增长，能耗增加，能耗增加的幅度大于经济增长的幅度
弱负脱钩	经济衰退，碳排放下降，碳排放下降的幅度小于经济衰退的幅度	经济衰退，能耗下降，能耗下降的幅度小于经济衰退的幅度
衰退性脱钩	经济衰退，碳排放下降，碳排放下降的幅度大于经济衰退的幅度	经济衰退，能耗下降，能耗下降的幅度大于经济衰退的幅度

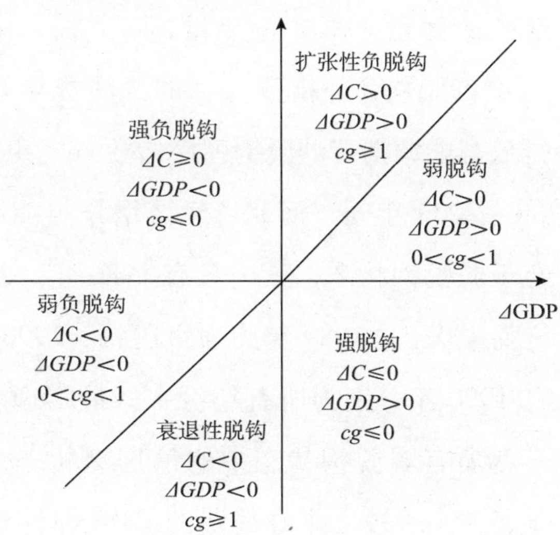

图 6.8　经济增长与碳排放量的脱钩度量模型

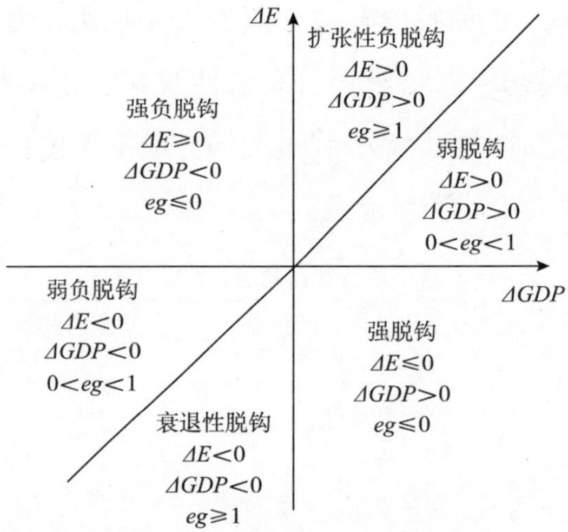

图 6.9　经济增长与能源消费的脱钩度量模型

（三）脱钩状态分析

在表 6.3 的脱钩分析结果中，△E、△C、△GDP 代表能源消费变化量、碳排放变化量、GDP 变化量，3 个脱钩弹性指数分别为：碳排放与 GDP 的脱钩弹性指数 cg，能源消费与 GDP 的脱钩弹性指数 eg，碳排放与能源消费的脱钩弹性指数 ce。由表 6.3 分析结果可知：在 1980 ~ 2009 年间，河北省经济增长与能源消费引起的碳排放总体上处于弱脱钩状态，其中只有 1986 年、2000 年、2002 年处于扩张性负脱钩状态，1989 年为强负脱钩，1990 年为强脱钩。综上，1989 年和 1990 年分别为所有年份中的最不理想状态和最理想状态，1996 年为所有弱脱钩状态中的最理想状态，其碳排放的 GDP 弹性达到最低值 0.039，能源消费的 GDP 弹性达到最低值为 0.037。结合中间变量 ce 来看，碳排放的 GDP 弹性 cg 与能源消费的 GDP 弹性 eg 变化趋势相似，表现为两者弹性值相似，即河北经济增长与碳排放脱钩主要是由经济增长与能源消费脱钩造成的，大部分年份中，能源消费的 GDP 弹性与碳排放的 GDP 弹性互有高低，说明河北省碳减排技术水平一般且对碳排放与经济脱钩的贡献作用不明显，节能减排技术发展相对滞后。

表 6.3 脱钩分析结果

年份	△E	△C	△GDP	cg	eg	ce	碳排放与经济增长脱钩状态	能源消费与经济增长脱钩状态
1982	0.051	0.039	-0.011	0.669	0.731	0.915	弱脱钩	弱脱钩
1983	0.030	0.019	0.232	0.618	0.587	1.052	弱脱钩	弱脱钩
1984	0.026	0.019	0.253	0.477	0.513	0.930	弱脱钩	弱脱钩
1985	0.029	0.019	0.340	0.201	0.140	1.439	弱脱钩	弱脱钩
1986	0.007	0.007	0.338	2.449	2.511	0.976	扩张性负脱钩	扩张性负脱钩
1987	0.053	0.037	0.149	0.859	0.830	1.035	弱脱钩	弱脱钩
1988	0.044	0.032	0.348	0.588	0.585	1.005	弱脱钩	弱脱钩
1989	0.045	0.032	0.511	-3.942	-3.896	1.012	强负脱钩	强负脱钩
1990	0.021	0.015	-0.038	-0.099	-0.081	1.230	强脱钩	强脱钩
1991	-0.005	-0.004	0.378	0.355	0.347	1.021	弱脱钩	弱脱钩
1992	0.035	0.025	0.745	0.459	0.456	1.008	弱脱钩	弱脱钩
1993	0.039	0.028	0.708	0.727	0.737	0.986	弱脱钩	弱脱钩
1994	0.100	0.069	1.181	0.641	0.596	1.077	弱脱钩	弱脱钩
1995	0.031	0.023	0.471	0.708	0.709	0.999	弱脱钩	弱脱钩
1996	0.072	0.051	0.957	0.039	0.037	1.052	弱脱钩	弱脱钩
1997	0.005	0.003	1.215	0.089	0.087	1.025	弱脱钩	弱脱钩
1998	0.009	0.007	1.193	0.115	0.128	0.898	弱脱钩	弱脱钩
1999	0.012	0.008	1.124	0.305	0.295	1.032	弱脱钩	弱脱钩

续表

年份	△E	△C	△GDP	cg	eg	ce	碳排放与经济增长脱钩状态	能源消费与经济增长脱钩状态
2000	0.023	0.017	1.026	1.544	1.518	1.017	扩张性负脱钩	扩张性负脱钩
2001	0.182	0.131	1.680	0.883	0.855	1.033	弱脱钩	弱脱钩
2002	0.092	0.067	1.426	1.051	1.069	0.983	扩张性负脱钩	扩张性负脱钩
2003	0.129	0.090	1.622	0.985	0.957	1.030	弱脱钩	弱脱钩
2004	0.189	0.139	2.643	0.691	0.717	0.964	弱脱钩	弱脱钩
2005	0.205	0.141	3.838	0.864	0.853	1.014	弱脱钩	弱脱钩
2006	0.249	0.179	4.102	0.764	0.769	0.994	弱脱钩	弱脱钩
2007	0.196	0.139	3.659	0.601	0.587	1.025	弱脱钩	弱脱钩
2008	0.179	0.130	4.503	0.299	0.305	0.982	弱脱钩	弱脱钩
2009	0.074	0.052	3.753	0.516	0.515	1.001	弱脱钩	弱脱钩

（四）脱钩原因分析

根据脱钩分析，从1980~2009年，同一年份碳排放的GDP脱钩弹性指数cg与能源消费的GDP脱钩弹性指数eg所落区间完全一致，大部分年份呈现弱脱钩状态，脱钩程度波动不大。脱钩程度波动的原因可能包括：经济发展方式、能源消费结构、产业结构、技术进步等，它们综合作用推动了能源效率的提高。能效提高是河北省实现弱脱钩的主要原因，但是河北省能效提高的速度和水平仍未能抵消经济发展对能源需求的增长幅度，因此能源消费总量增长仍没有趋缓。未来一段时期内，河北省经济发展与能源消费引起的碳排放弱脱钩趋势仍将持续，全省未来实现最理想的强脱钩状态还有较大距离且不确定性较强。

1. 经济发展方式

河北省经济发展有相当一部分依赖出口拉动，以钢铁工业为例，钢铁工业是以从事黑色金属矿物采选和黑色金属冶炼加工等工业生产活动为主的工业行业，其中黑色金属冶炼加工部分耗能占比很高，出口带来了经济增长，但相应的碳排放量却计算在生产国内。作为国内钢铁第一大省，河北省钢铁出口占据着重要份额，其2005～2008年的钢铁贸易额见表6.4，由此可推断其产生了相当份额的碳排放量。总之，未来河北省的经济发展模式还需依靠工业产品出口进行拉动，这直接决定了河北省的碳排放量短期内不会有较大改观。

表6.4　　2005～2008年河北省钢材贸易额表　　单位：亿美元

年份	进口额	出口额	贸易额	净出口额
2005	1.85	16.09	17.94	14.25
2006	2.67	24.59	27.26	21.91
2007	3.55	57.79	54.24	58.15
2008	5.69	89.66	95.36	83.97

2. 能源消费结构

长期以来，河北省能源消费结构以煤炭为主，从1980～2009年几乎一直在90%左右徘徊，除个别年份以外没有大的变化，消费结构单一，其他类型能源占比偏低，见图6.10，由于煤炭的碳排放系数高于石油和天然气，导致碳排放量主要由煤炭产生。今后，河北省还需大力调整能源结构，可在能源消费中适当降低煤的比重，增加石油、天然气、水电、风电等能源的比重，以有利于扭转目前碳排放量较高的局面。

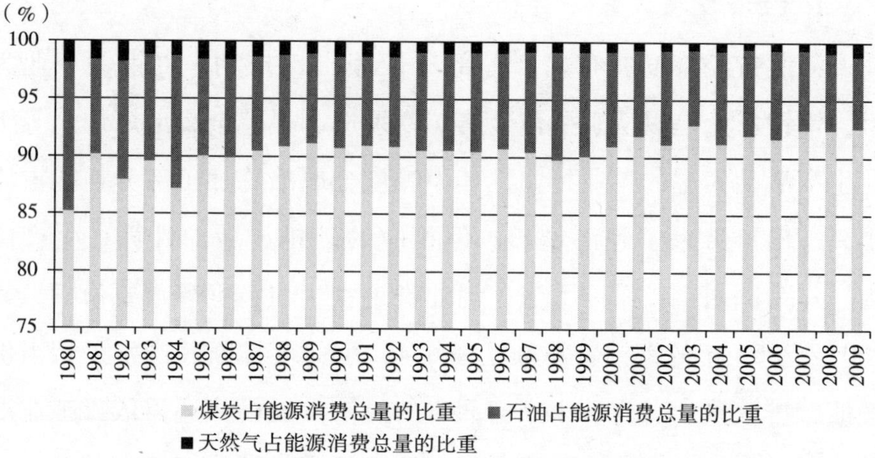

图 6.10　1980～2009 年河北省化石能源消费结构比重

3. 产业结构

河北省能源消费引起的碳排放主要来自第二产业中的工业，选取 2005～2009 年河北省工业能源消费量的数据进行对比分析，见图 6.11，从工业发展模式来看，规模以上工业能源消费量特别是六大高耗能行业（包括煤炭开采和洗选业，石油加工、炼焦及核燃料加工业，化学原料及化学制品制造业，非金属矿物制品业，黑色金属冶炼及压延加工业，电力、热力的生产和供应业）能耗不断增加，重工业化程度越来越高，这其中包括河北省自有企业，也包括以首钢为代表的转移企业。总之，河北省的工业部门以重化工业为主，其能耗较高而产出偏低，导致了碳排放量总体居高不下。

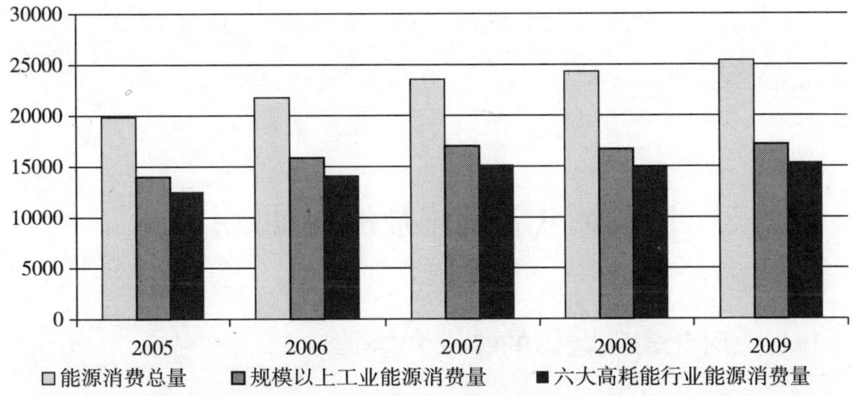

图 6.11　2005～2009 年河北省工业能源消费量比较图（单位：万吨标煤）

4. 技术进步

技术进步方面的影响可以淘汰落后产能为例进行说明，2010 年 9 月，河北省提前完成被工信部列入淘汰落后产能企业名单的 163 家企业淘汰任务，意味着提前完成"十一五"预期目标。这 163 家企业涉及炼铁、炼钢、水泥等 10 个工业行业，为进一步促进企业转型升级、整合重组和优化布局奠定了基础。但新的问题是：很多大企业新上项目及设备的产能规模总体上高于淘汰的小企业产能规模，最终的结果是：淘汰落后产能使一部分中小企业关停或整改，而淘汰的产能未能抵消大企业新增的产能，总产能依然呈增加趋势，因此，技术进步效应并不显著，还需在以后的研究中进一步分析。

5. 制度建设

河北省内环京津，外环渤海，区位条件优越，其碳减排工作的效果会为京津冀地区的大气污染联防联控提供示范效应并产生重大影响，目前，河北省的制度建设有些方面比较超前，有些方面相对滞后，制度建设的合力尚未显现。由于减排任务总体较重，政策协同效应亟待提升。

四、河北省碳排放的变动规律

（一）河北省碳减排的特点和规律

通过以上分析，可总结出河北省碳减排的特点和规律如下：第一，在图6.12中，河北省碳排放总量和煤炭消费引起的碳排放量两个系列柱形图呈现高度近似，可进一步解释河北省以煤炭为主的能源消费结构是导致碳排放量不断上升的主要原因，因此，对于改变能源消费结构还需较大力度的调整。第二，在图6.13中，从1980~2012年，从三类能源引起的碳排放量占比中可以很清晰看出：煤炭消费引起的碳排放占了相当份额，这主要应归因于：一直以来，河北省的能源消费结构都以煤炭为主，从而导致碳排放量不断走高；而石油、天然气消费引起的碳排放量呈现波动式变化，说明河北省油气市场的供需变动比较剧烈。大致是在2000年之后有较快增长，可能原因是河北省受益于国家的西气东输政策所致。第三，首钢搬迁工作自2005年6月至2010年底基本完成，河北唐山地区的曹妃甸成为一个具有国际先进水平的钢铁联合生产园区，这在一定程度上降低了北京的碳排放量，但对河北省的碳排放贡献无疑是雪上加霜。同时，碳减排也可能产生巨大的潜力，那就是：如果河北省减排措施合理，可能会对其他碳排放大省提供示范效应。河北省作为北方工业强省，其重化工业占比尤高，如何通过曹妃甸的全面整合实现产业结构调整和技术升级改造，成为“十二五”末期节能减排的重中之重。

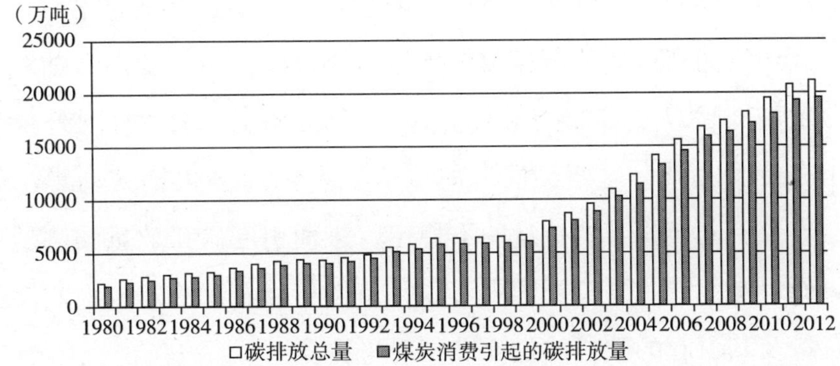

图 6.12　1980～2012 年河北省碳排放总量和煤炭消费引起的碳排放量对比图

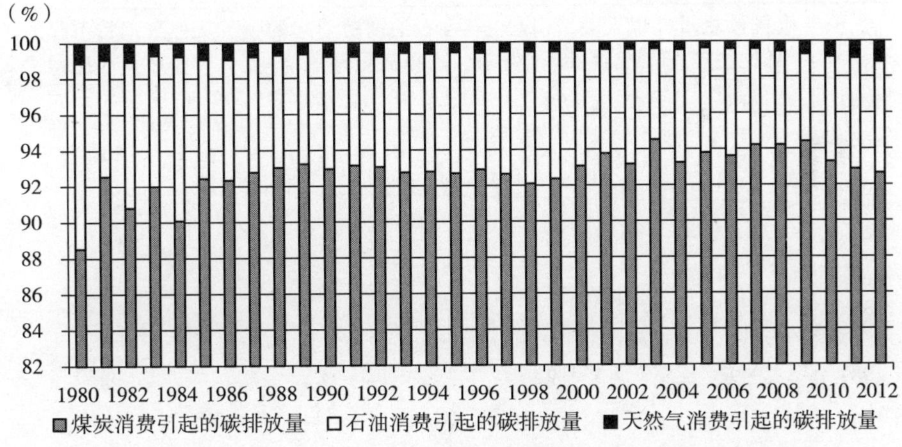

图 6.13　1980～2012 年河北省分品种能源消费引起的碳排放量占比图

（二）碳排放量的环比增速分解

根据 1980～2009 年河北省碳排放总量及分品种能源消费引起的碳排放量，每个指标均以上一年为基期，计算出环比增速见表

6.5，图6.14，由此可知：在1981~2009年间，煤炭消费引起的碳排放量环比增速变动相对平稳，石油、天然气消费引起的碳排放量环比增速波动较大；煤炭消费引起的碳排放量增速基本呈正向，石油、天然气消费引起的碳排放量增速有正有负。由于我国石油对外依存度高，2009年以来对外依存度已超过50%，天然气对外依存度也在持续上升，这两类能源的供应受国际市场价格变动影响较大，导致不同年份其消费量的不稳定，进而引起碳排放量的剧烈变动，而煤炭生产主要依托国内市场，市场价格相对稳定，因此煤炭消费量及其引起的碳排放量变动相对平缓。

表6.5　1980~2009年河北省碳排放总量及分品种能源消费引起的碳排放量环比增速值（%）

年份	碳排放总量环比增速	煤炭消费引起的碳排放量环比增速	石油消费引起的碳排放量环比增速	天然气消费引起的碳排放量环比增速
1981	18	23	-26	-2
1982	8	6	35	20
1983	7	8	-4	-29
1984	6	4	34	14
1985	2	5	-26	26
1986	11	11	13	12
1987	9	9	4	-8
1988	8	8	5	-4
1989	4	4	1	-5
1990	-1	-1	1	20
1991	6	6	2	6
1992	6	6	7	7
1993	14	14	24	-18
1994	4	4	2	17

续表

年份	碳排放总量环比增速	煤炭消费引起的碳排放量环比增速	石油消费引起的碳排放量环比增速	天然气消费引起的碳排放量环比增速
1995	9	9	12	-5
1996	1	1	-3	6
1997	1	1	6	-11
1998	1	1	9	2
1999	3	3	-1	2
2000	20	21	8	14
2001	8	9	-2	-10
2002	10	10	22	11
2003	15	16	-9	8
2004	13	11	40	29
2005	15	15	6	-7
2006	10	10	13	21
2007	8	9	-3	10
2008	3	3	0	42
2009	5	5	-3	35

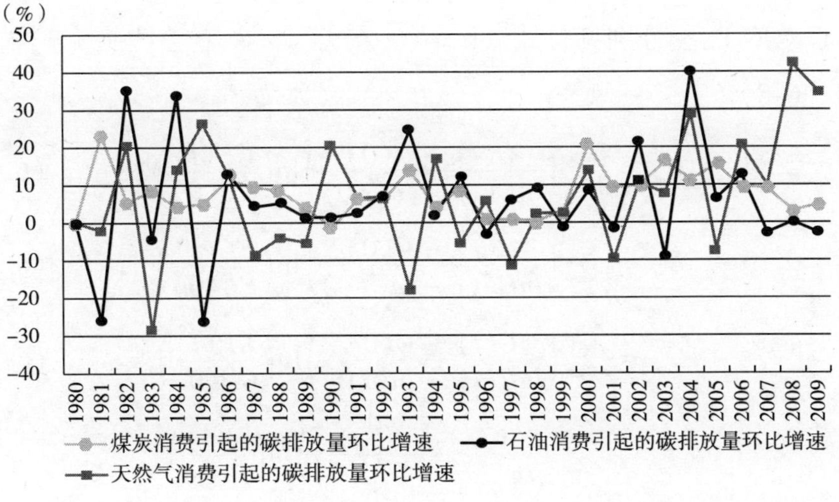

图 6.14　1980～2009 年河北省分品种能源消费引起的碳排放量环比增速变动图

（三）河北省碳排放的影响因素分解——基于 LMDI 分解方法的分析

1. LMDI 分解模型及方法

本书采用LMDI（Logarithmic Mean Divisia Index）分解法，即对数平均迪氏指数分解法，它是 Ang 在迪氏分解方法的基础上提出的，它可对报告期与基期碳排放量的差进行完全分解，解决了分解中剩余项的问题。

根据日本学者 Kaya 提出的碳排放量的恒等式建立关系式，设 C 为碳排放量，则有：

$$C = \frac{C}{EN} \times \frac{EN}{GDP} \times \frac{GDP}{POP} \times POP = C_{ef} \times E_{ef} \times G_{ef} \times P_{ef} \quad (6.4)$$

在公式6.4 中，C、EN、GDP、POP 分别表示碳排放量、一次能源消费量、国内生产总值和人口总量，碳排放变动量可分解为四种效应，即碳强度效应 C_{ef}、能源强度效应 E_{ef}、经济规模效应 G_{ef}和人口效应 P_{ef}，分别见公式（6.5）、公式（6.6）、公式（6.7）、公式（6.8）。

$$C_{ef} = \sum \left(\frac{C(t) - C(0)}{lnC(t) - lnC(0)}\right) \ln\left(\frac{CE(t)}{CE(0)}\right) \quad (6.5)$$

$$E_{ef} = \sum \left(\frac{C(t) - C(0)}{lnC(t) - lnC(0)}\right) \ln\left(\frac{EG(t)}{EG(0)}\right) \quad (6.6)$$

$$G_{ef} = \sum \left(\frac{C(t) - C(0)}{lnC(t) - lnC(0)}\right) \ln\left(\frac{GP(t)}{GP(0)}\right) \quad (6.7)$$

$$P_{ef} = \sum \left(\frac{C(t) - C(0)}{lnC(t) - lnC(0)}\right) \ln\left(\frac{P(t)}{P(0)}\right) \quad (6.8)$$

在公式（6.5）中，C_{ef}表示碳强度效应，用单位能源消耗所产生的碳排放量指标表征，碳强度受能源结构影响，改变其结构组成可以影响碳排放量。

在公式（6.6）中，E_{ef}表示能源强度效应，用单位 GDP 的能源消耗量指标表征，通过引进节能技术可以提高能源效率，降低能源强度，减少能源消费量，从而降低碳排放量。

在公式（6.7）中，G_{ef}表示经济效应，用人均 GDP 指标表征，表示经济发展水平对碳排放变化的影响。

在公式（6.8）中，P_{ef}表示人口效应，用人口总量指标表征，表示人口因素对碳排放变化的影响。

四种效应对碳排放变动量影响的贡献率可用公式（6.9）、公式（6.10）、公式（6.11）、公式（6.12）表示，其含义分别为：碳强度效应贡献率 $C_{ef}\%$、能源强度效应贡献率 $E_{ef}\%$、经济效应贡献率 $G_{ef}\%$ 和人口效应贡献率 $P_{ef}\%$。

$$C_{ef}\% = \frac{C_{ef}}{C(t) - C(0)} \tag{6.9}$$

$$E_{ef}\% = \frac{E_{ef}}{C(t) - C(0)} \tag{6.10}$$

$$G_{ef}\% = \frac{G_{ef}}{C(t) - C(0)} \tag{6.11}$$

$$P_{ef}\% = \frac{P_{ef}}{C(t) - C(0)} \tag{6.12}$$

2. *碳排放变动量及效应分解*

1980～2009 年间的碳排放变动量见图 6.15，河北省碳排放变动量一直呈现波动状态，其中 1992～1995 年间，1999～2009 年间呈现较为剧烈的波动，其他时段呈现较为平缓的波动。

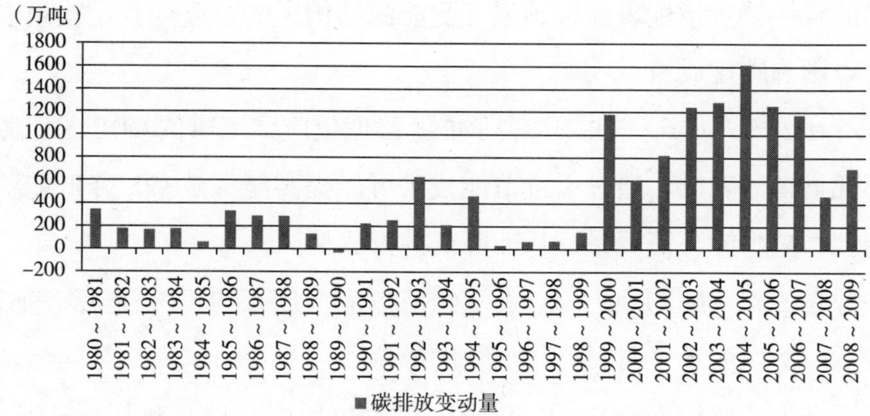

图 6.15　1980 ~ 2009 年河北省碳排放变动量趋势图

表 6.6　　1980 ~ 2009 年河北省碳排放变动量及其效应分解

年份	△C—碳排放变动量（10^4t）	C_{ef}—碳强度效应（10^4t）	E_{ef}—能源强度效应（10^4t）	G_{ef}—经济效应（10^4t）	P_{ef}—人口效应（10^4t）
1980 ~ 1981	388.509	32.069	369.337	−52.850	39.953
1981 ~ 1982	194.908	−17.452	−73.990	236.177	50.173
1982 ~ 1983	189.763	9.081	−120.400	267.175	33.908
1983 ~ 1984	189.592	−13.810	−181.013	347.012	37.402
1984 ~ 1985	74.573	22.568	−302.478	319.357	35.127
1985 ~ 1986	365.900	−8.640	220.365	106.183	47.992
1986 ~ 1987	319.176	10.488	−60.222	314.177	54.733
1987 ~ 1988	316.422	1.386	−209.105	464.209	59.932
1988 ~ 1989	148.006	1.700	184.677	−101.565	63.194
1989 ~ 1990	−39.205	−7.370	−407.961	175.462	200.665
1990 ~ 1991	250.788	5.090	−428.303	630.151	43.849
1991 ~ 1992	280.952	2.071	−312.925	550.298	41.508
1992 ~ 1993	694.154	−9.431	−229.107	884.064	48.627
1993 ~ 1994	233.167	16.309	−142.682	311.434	48.106
1994 ~ 1995	512.190	−0.299	−198.758	665.120	46.127
1995 ~ 1996	34.311	1.694	−800.481	787.168	45.930

续表

年份	△C—碳排放变动量（10^4t）	C_{ef}—碳强度效应（10^4t）	E_{ef}—能源强度效应（10^4t）	G_{ef}—经济效应（10^4t）	P_{ef}—人口效应（10^4t）
1996～1997	68.615	1.650	－662.386	689.232	40.120
1997～1998	75.101	－8.515	－541.195	581.553	43.258
1998～1999	166.606	5.130	－370.403	487.113	44.766
1999～2000	1307.935	20.006	414.515	807.712	65.701
2000～2001	673.436	20.440	－106.063	728.097	30.962
2001～2002	902.871	－14.690	56.188	812.782	48.591
2002～2003	1385.417	37.487	－57.113	1353.670	51.373
2003～2004	1409.247	－49.567	－528.127	1918.590	68.351
2004～2005	1791.187	22.609	－283.192	1970.629	81.141
2005～2006	1385.220	－7.384	－394.979	1686.446	101.136
2006～2007	1304.951	30.263	－841.366	2011.105	104.949
2007～2008	515.356	－9.324	－1138.568	1550.609	112.640
2008～2009	781.964	0.966	－704.671	1372.040	113.629
累计	15921.113	94.527	－7850.407	21873.150	1803.844

从碳排放变动量的效应分解来看，见表6.6、图6.16，从1980～2009年，经济效应和能源强度效应对碳排放变动量的作用显著，表现为曲线波动较大；而碳强度效应和人口效应对碳排放变动量的影响不显著，表现为曲线较为平缓。经济效应对碳排放变动量的正向作用较大，能源强度效应对碳排放变动量的负向作用较大，说明经济增长是碳排放的主要来源，而通过各种措施降低能源强度对碳排放起到了一定的抑制作用。

碳排放变动量的经济效应高值区大致位于2003～2007年间，这段时期我国经济高速增长，从2003年开始，GDP分别比上年同比增长10%，10.1%，10.4%，11.6%，13%，受宏观经济形势的影响，在此期间河北省的碳排放保持了较高的增长趋势，尽管其他因素抵消了部分碳排放，但在10%以上GDP增速的拉动下，这些年份的碳排放量在所有时间序列中仍然维持高位。

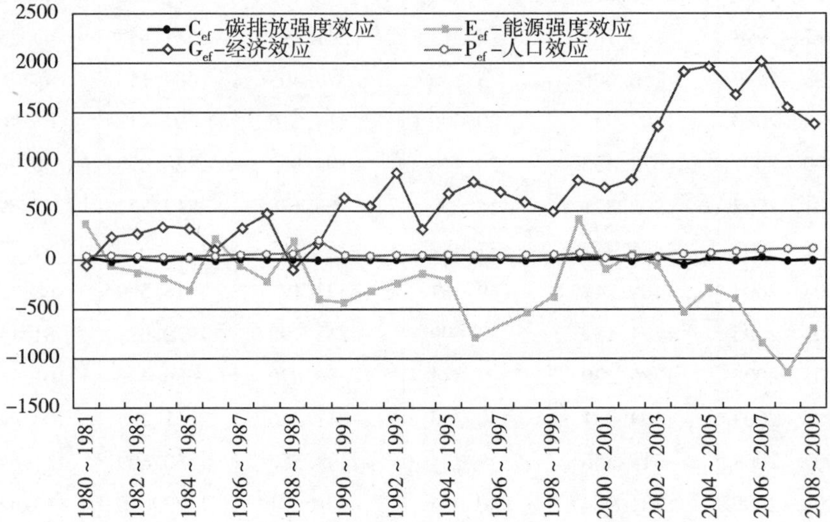

图6.16　1980～2009年河北省碳排放变动量效应分解图

3. *碳排放变动量的效应贡献率分解*

1980～2009年，对河北省碳排放变动量的效应贡献率分解结果及变化趋势见表6.7，图6.17，经济效应贡献率及能源强度效应贡献率对碳排放变动量的作用较大，曲线波动明显；而碳强度效应贡献率和人口效应贡献率对碳排放变动量的作用较小，曲线波动不明显，说明经济因素及能源强度因素对碳排放变动量影响较大。

表6.7　1980～2009年河北省碳排放变动量的效应贡献率分解值

年份	%C_{ef}—碳强度效应贡献率	%E_{ef}—能源强度效应贡献率	%G_{ef}—经济效应贡献率	%P_{ef}—人口效应贡献率
1980～1981	0.083	0.951	−0.136	0.103
1981～1982	−0.090	−0.380	1.212	0.257

续表

年份	% C_{ef}—碳强度效应贡献率	% E_{ef}—能源强度效应贡献率	% G_{ef}—经济效应贡献率	% P_{ef}—人口效应贡献率
1982~1983	0.048	-0.634	1.408	0.179
1983~1984	-0.073	-0.955	1.830	0.197
1984~1985	0.303	-4.056	4.282	0.471
1985~1986	-0.024	0.602	0.290	0.131
1986~1987	0.033	-0.189	0.984	0.171
1987~1988	0.004	-0.661	1.467	0.189
1988~1989	0.011	1.248	-0.686	0.427
1989~1990	0.188	10.406	-4.476	-5.118
1990~1991	0.020	-1.708	2.513	0.175
1991~1992	0.007	-1.114	1.959	0.148
1992~1993	-0.014	-0.330	1.274	0.070
1993~1994	0.070	-0.612	1.336	0.206
1994~1995	-0.001	-0.388	1.299	0.090
1995~1996	0.049	-23.330	22.942	1.339
1996~1997	0.024	-9.654	10.045	0.585
1997~1998	-0.113	-7.206	7.744	0.576
1998~1999	0.031	-2.223	2.924	0.269
1999~2000	0.015	0.317	0.618	0.050
2000~2001	0.030	-0.157	1.081	0.046
2001~2002	-0.016	0.062	0.900	0.054
2002~2003	0.027	-0.041	0.977	0.037
2003~2004	-0.035	-0.375	1.361	0.049
2004~2005	0.013	-0.158	1.100	0.045
2005~2006	-0.005	-0.285	1.217	0.073
2006~2007	0.023	-0.645	1.541	0.080
2007~2008	-0.018	-2.209	3.009	0.219
2008~2009	0.001	-0.901	1.755	0.145
累计	0.593	-44.625	71.769	1.263

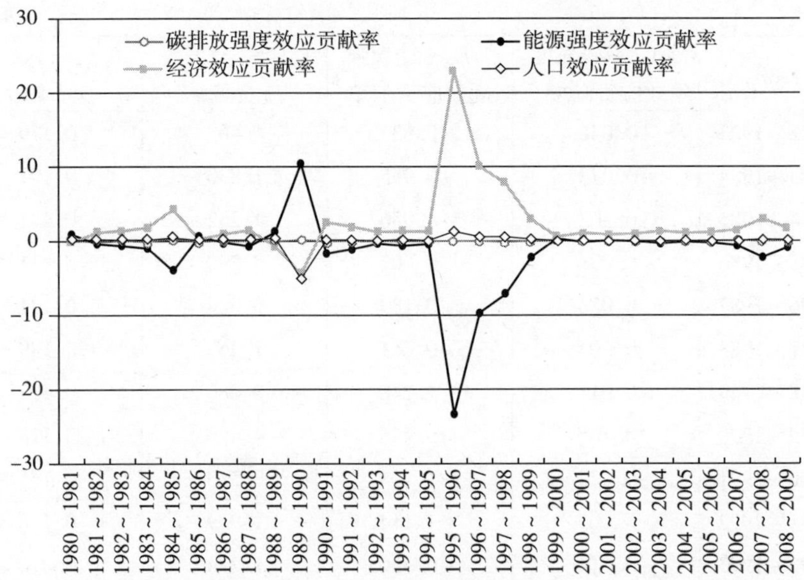

图 6.17　1980～2009 年四种效应对河北省碳排放变动量的贡献率变化趋势图

从对碳排放变动量的效应贡献率分解中（见图 6.18）可以看出：在大部分年份，经济效应对碳排放量变动的贡献率为正值，说明经济增长对碳排放的拉动多为正向，而相应这些年份的能源强度效应贡献率为负值，说明能源强度效应对碳排放的拉动多为负向。人口效应贡献率大多为正向，碳强度效应贡献率则有正有负，以下各取代表时段进行分析。

碳强度效应贡献率方面，除在 1980～1987 年及 2000～2004 年数值较高外，其他年份数值均较低，2004 年之后碳强度的逐步降低和我国开始重视节能减排政策逐步向地方推进有关。

能源强度效应贡献率方面，在 2000～2005 年，由于河北省能源强度较高，对碳排放的负向拉动作用减弱，其结果直接导致其间碳排放变动量居高不下。

经济效应贡献率方面，在 2000 ~ 2007 年贡献率较大，进入 2000 年，我国人均收入水平达到 1000 美元，这意味着中国经济开始进入快速发展阶段，我国开始了新一轮的经济投资，能源需求旺盛，工业化进程加快，重工业部门发展提速，河北是工业大省，其 GDP 增长是以大量能源消耗为特征的，因此造成碳排放总量在这一时期增速迅猛。

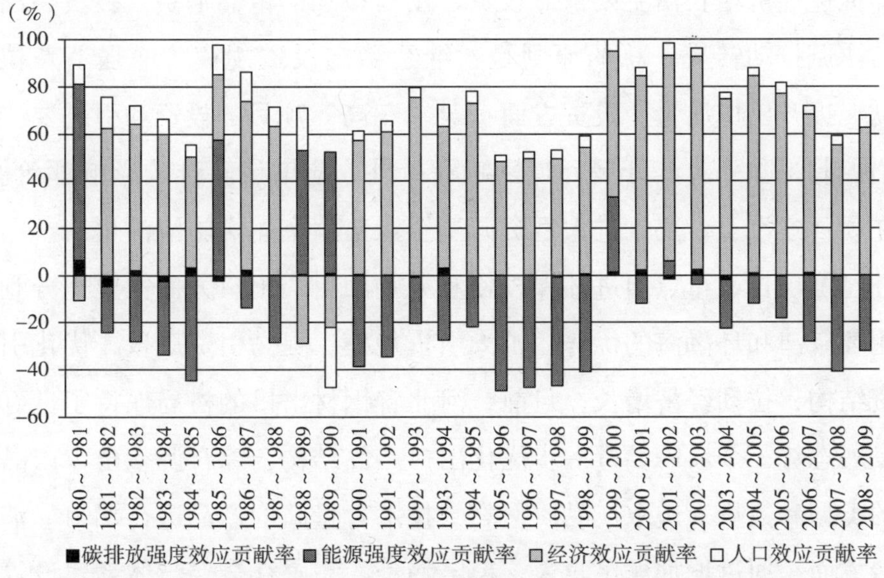

图 6.18　1980 ~ 2009 年河北省碳排放变动量的效应贡献率分解图

人口效应贡献率方面，在 1980 ~ 1989 年表现较高，1990 年之后表现较低。进入 1980 年后，我国出现了"第三次人口生育高峰"，进入 1990 年后，随着计划生育工作的不断加强和完善，人口的高出生率得到控制，并一直稳定在低水平上，1991 年至今，中国人口进入平稳增长阶段。因此，河北省人口效应对碳排放变动量的贡献率受国家计生政策约束较显著并呈现相应特征。

五、河北省节能减排政策建议

（一）经济发展方式方面

河北省经济发展的主要方向应和国家宏观经济政策保持一致，即促进经济增长由主要依靠投资、出口拉动向依靠消费、投资、出口协调拉动转变，总的原则是：继续稳定投资规模，增强消费拉动，提升出口质量。投资方面：对“三高”项目的投资和引进要严格控制，除了对其开展环境影响评价外，应增设碳排放影响评价。在项目建设上，要推进大型资源型企业集团率先实施清洁生产、循环经济项目、重点引进环保投资和采购项目。出口方面：要充分利用环京津和环渤海的优势，扩大引资规模，提高引资质量，优化引资结构，拉动经济增长，目前，河北省钢材出口的格局保持了良好发展态势，今后需要进一步优化出口产品结构，综合调整出口产品的类型和数量，选取产品质量高、技术含量高的产品进行出口。消费方面：通过增加居民收入、稳定物价、完善社会保障体系建设等多种政策提高城乡居民的消费水平。

（二）能源消费结构方面

河北省以煤炭为主的能源消费结构短时期内不会改变，碳减排政策建议主要分两方面：一方面是减小煤炭消费占比，提高煤炭相关产业的能源利用效率；另一方面是加大可再生能源、新能源的利用比例。

煤炭的能耗部门有煤矿生产和煤基产业两大门类，煤基产业是指：煤炭企业以煤炭为主要燃料基础而延伸发展的多种产业，包括电力、洗选、炼焦、火药、建材、炼钢等。煤基产业的能源转换损失比重较大，其中以电力炼焦能源转换损失比重最大，河北省的主要能耗来源即是这些煤基企业，在各类煤基企业中，能耗主要流向洗选、发电和炼焦。河北省现有煤矸石及劣质煤电厂 15 座，焦化厂 6 座，主要是炼焦和生产化工产品，其中国有重点煤炭企业是能耗大户，能耗高但节能潜力也大，因此，对这类企业的治理应成为节能减排的重中之重。

在新能源、可再生能源的利用方面，河北省《新能源产业“十二五”发展规划（2011～2015 年）》中，提出了主要发展目标为：到 2015 年，新能源在一次能源消费中的比重达到 5%，年节约标准煤 1200 万吨以上，减少二氧化碳排放 3000 万吨以上等。以风电为例，河北省要充分利用张家口、承德地区的风能资源，全力推进千万千瓦级风电基地建设，加快开发利用秦唐沧沿海及海上风能资源，启动沿海及海上百万千瓦级风电基地建设，因地制宜发展分散式风电等，使新能源对优化能源结构、促进节能减排、保障经济社会发展的作用进一步显现。

（三）产业结构方面

在三次产业结构划分中，河北省的产业结构以第二产业为主导，今后产业结构调整的总体目标是：由主要依靠第二产业带动向依靠第一、第二、第三产业协同带动转变。在第二产业中，河北省产业结构以工业为主，其中工业又以资源型产业为主，这是导致河北省碳排放长期居高不下的重要原因。河北省工业规模较大，但缺乏自主知识产权和核心技术，今后，要对“三高”行业进行大规模整改。加大力度培育高新技术产业，石家庄具有华药集团、石药集团等著名企业集团，具有良好的基础条件，可利用药都的优势发展生物工程和新医药技术产业等。

河北省接纳北京、天津产业转移的局面已基本形成且将长期存在，以曹妃甸工业区为例，曹妃甸工业区初步建成后，河北省的重化工业面临难得的发展机遇，要在国家政策的支持下，尽快实现产业重构与升级换代。要在首钢搬迁的带动下，陆续迁入和培植一批在节能减排方面具有优势的企业，发挥大型企业的规模经济和范围经济优势，推进节能减排的效应向中小企业传递，最终实现各类企业协同发展，以低碳方式推动曹妃甸工业区综合效益的整体提升。

河北省第三产业增加值占国内生产总值的比重较低，要重视提高第三产业的发展速度和质量，充分挖掘第三产业中特色产业的内涵，如对旅游业、商贸服务业进行培育。河北省旅游资源丰富，毗邻京津，客源市场条件优越，旅游业发展却相对滞后；河北省拥有全国知名的商品批发城与中转站，其总体管理水平亟待提升，要充分利用以上产业良好的基础条件，全方位提升其竞争意识和品牌效应。此外，河北省人力资源丰富，可发展劳动密集型产业，但人力资源整体素质偏低，人才流失现象严重，应积极利用和京津对接的优势，创造良好的条件吸引京津地区的人才到河北省就业和创业。

（四）技术进步方面

技术进步方面主要针对工业，对低端工艺及产品，应建立适当的淘汰机制予以取缔；要进一步提高工业的科技含量，实施科技节能战略，加大力度引进节能减排高新技术，并为高新技术的应用做好金融、物流、商务等生产性服务业的配套；开展工业经济循环示范园区的建设，为区内企业的技术孵化创造良好环境，目前，大部分工业用能设备及产品没有能效标准，已有的标准已不能衡量新的情况，因此应加大这方面的研发力度，制定工业的能效标准，推动标准化能效计量的普及。河北省拥有一批大型国企，以大型企业集团为龙头带动其他企业共同实施节能减排是一个很好的路径，以河北钢铁集团为例，河北钢铁集团是由我国两大钢铁集团——唐钢集团、邯钢集团联合组建而成的国内最大、全球第二的特大型钢铁集团，拥有 13 个控股、参股子公司，要充分发挥其在节能减排方面的示范效应，带动其他企业加快设备更新，发展环保技术，优化工艺流程等，促进各级各类企业节能减排目标的全面实现。

河北省的煤炭企业耗能巨大，因此应对这类煤炭企业进行多种技术手段的治理，如对部分洗煤厂改进工艺流程，引进节能设备，提高回收利用率，降低洗煤业综合能耗；扩大煤矸石电厂、矸石砖厂、煤泥及低浓度瓦斯电厂的规模及生产能力，提高资源的利用效率；加强大型钢铁集团、水泥厂、玻纤厂等重点工业的节能减排，加快陈旧设备更新改造的周期。可依托节能监测实时跟踪企业的污染物排放情况，建立主要污染物及碳排放的信息公报和披露制度。与煤基企业相比，河北省的煤炭生产企业能耗占比较小，但煤矿生产能耗会随着开采深度的加大而逐年增加，因此，对此类企业仍不能忽视，今后可加大对矿井水的综合利用，净化处理后的矿井水可作为生产和生活利用，提高综合利用量及利用率。

（五）制度建设方面

总体来说，河北省制度建设合力相对薄弱，今后应借鉴国内外先进经验，多方面完善节能管理制度，具体如下：第一，能源规划的编制方面，河北省已出台了《新能源产业“十二五”发展规划（2011～2015年）》、《河北省工业节能“十二五”规划》等，今后，要依照规划的目标、特别重视其中碳减排的工作要求及任务，分阶段逐步落实。第二，节能减排考核机制方面，河北省已出台“双三十”工程，即对单位能耗高、排放总量大、示范作用强的30个县（市、区）和30家企业实行省级考核制度，2011年又在巩固深化已有“双三十”工程的基础上，重新筛选了企业及县市区进行考核，这项不断跟进的工程可以说是一套比较成功的方案，规定了节能减排的具体要求，明确了考核制度和奖惩措施，通过第一期“双三十”的实施已见成效，今后，可以进一步推进其在指标细化方面的工作，增设碳排放指标考核，与企业签订节能目标责任书，定期对重点企业的贯彻落实情况进行督导和检查等。第三，配合国家政策，积极推进能源价格改革，包括税费的改革等。第四，提高节能监测机构的技术服务水平，建立能源、碳排放信息实时跟踪制度，尤其是企业负面信息的披露方面，对出现问题的企业及时纠正和整改。第五，在支持节能的财税、投资、金融政策等方面予以完善，建立与市场经济相适应的节能激励机制。第六，加强能源统计体系建设，在一定的条件下，可以组织开展能源消费审计工作，主要针对重点能耗企业，以便于及时发现其能源消耗在能量平衡和用能系统中的有关问题和不足。

六、本章小结

本章以碳排放大省——河北省为研究对象，全面阐述了河北省碳排放的时空格局、演变机理及影响因素，并给予减排政策建议。

首先，对河北省碳排放的时空格局进行了刻画，测算了河北省1980~2009年能源消费引起的碳排放总量，并分能源品种测算了煤炭、石油、天然气三种一次能源的碳排放量，在此基础上做了其变化轨迹分析及与京津地区的比较分析，结果表明：从1980~2009年，河北省的碳排放总量及分品种能源煤炭、石油、天然气引起的碳排放量总体呈上升趋势，河北省对煤炭的消费需求比较稳定，对石油、天然气的消费需求因受国际市场影响变动较大，因而碳排放主要来自煤炭消费。与京津冀地区的两个直辖市相比，河北省的碳排放量一直较高且增速明显，尤以2000年后碳排放量增速迅猛，未来碳减排形势不容乐观。

其次，分别从相似关系和脱钩关系两个角度刻画了碳排放与经济增长之间的演变机理。第一，相似关系，从1980~2009年，能源消费总量、碳排放总量及GDP均呈增长趋势，其中碳排放总量和能源消费总量的增长有陡有缓且变动趋势基本相似；单位GDP碳排放总量——碳排放强度与单位GDP能耗——能源强度的变动趋势基本相似。这几个相似综合表明：河北省的碳排放高度依赖于能源消耗且将在近期持续下去。第二，脱钩关系，脱钩关系主要是基于脱钩理论及脱钩弹性指数给予了定量表达，即在1980~2009

年期间，碳排放与经济增长的脱钩弹性指数、能源消费与经济增长的脱钩弹性指数类型在同年份表现完全一致，且在大部分年份指向弱脱钩状态，脱钩程度受宏观经济形势、产业结构、经济发展方式、能源消费结构、技术进步等因素的影响而变动，未来一定时期内弱脱钩发展趋势可能仍将持续。

再次，对河北省 1980～2009 年碳排放时空格局的演变进行了分解研究，主要包括两个方面：第一，对碳排放量环比增速进行了不同品种化石能源的分解测算；第二，基于 LMDI 指数分解法对碳排放变动量进行了四种效应分解，分别为碳强度效应、能源强度效应、经济效应和人口效应并从效应贡献量及贡献率两方面分析了其时序变化规律。结果表明：河北省煤炭消费引起的碳排放量环比增速变动相对平稳，石油、天然气消费引起的碳排放量环比增速变动幅度较大。对碳排放变动量的效应分解方面，经济效应和能源强度效应对碳排放变动量的作用显著且贡献率较大，碳强度效应和人口效应对碳排放变动量的作用不够显著且贡献率较小。

最后，基于以上所有研究，本章从五个方面对河北省碳减排提出政策建议，包括经济发展方式、能源消费结构、产业结构、技术进步及制度建设，希望能对其他地区的碳减排研究提供参考和借鉴。

第七章
综合报告：基于不同尺度的中国区域碳减排格局、机理及路径研究

一、主要研究成果与结论

（一）基于不同尺度对碳排放开展研究

本书从三个尺度对化石能源消费碳排放进行了时空格局研究，包括全国—区域—省域尺度，每个尺度的研究都包括三部分内容：时空格局刻画、演变机理分析、减排政策建议，研究的逻辑是：发现现象—找出规律—提出对策，保持了研究体系的一致性。此外，每个尺度的研究都选取了碳排放的三个重要影响指标，包括碳排放总量、人均碳排放量和碳强度，通过对主要年份三大指标的测算，发现三大指标在三个尺度区域的表现规律，有助于进行横向和纵向的综合比较。

1. 对全国尺度碳排放的研究

从 1953 ~ 2011 年，中国碳排放总量经历了三个阶段的变化，分别为起伏波动阶段、平稳上升阶段和快速增长阶段，人均碳排放量呈波动上升趋势，1978 年之后，碳强度基本呈大幅下降趋势。在

2008 年世界碳排放规模前 10 名国家中，中国排名第一，其碳排放总量远远高于其他国家。在分品种能源消费产生的碳排放量及所占份额中，煤炭消费产生的碳排放量一直占据了绝对优势，石油、天然气消费产生的碳排放量逐年缓慢增加，我国碳排放总量居高不下的一个重要原因可以解释为以煤炭为主的能源消费结构而导致。

2. 对区域尺度碳排放的研究

主要分析了四大地区的碳排放时空格局：在主要年份中，从碳排放总量角度分析，东部地区一直位于首位。从碳排放变化角度分析，四大地区的碳排放总量总体呈上升态势，但上升幅度差异较大；四大地区的人均碳排放量也呈上升走势，碳排放强度则均呈下降趋势，其中 1980 ~2000 年时段的碳强度下降幅度较大，2000 年之后下降幅度趋缓，东部地区碳强度在历年均为最低，其他三个地区碳强度互有高低。

3. 对省域尺度碳排放的研究

在主要年份中，我国各省碳排放规模基本在上升，其中超重度和重度排放区所含省份数量都在增加，轻度排放区所含省份数量基本在减少，中度排放区所含省份数量有增有减。省域人均碳排放量方面，人均碳排放量在 0 ~ 0.5 吨/人的低值省份逐步减少，属于 0.5 ~1.5 吨/人的省份逐步增加，2005 年后，开始出现 3.5 ~ 4.5 吨/人的高值省份。碳强度方面，全国各省的碳强度普遍在下降，其中，在 1980、1985、1990、1995 年，各省普遍位于碳强度高区，在 2000、2005、2006、2007、2008、2009 年，碳强度中区数量超过了碳强度高区数量，在 2009 年，碳强度高区省份仅剩下 4 个。

（二）透过双向视角对碳排放的影响因素进行解释

本书拓宽研究视野，从主观和客观二维视角对碳排放进行了利益相关者的识别和行为研究，以利于厘清减排主客体及他们之间的互动关系，合理界定各类减排主体所对应的基本责任，充分发挥协同带动作用。根据利益相关者理论和规制理论，本书认为碳减排的利益相关者应包括五类主体，他们分别是：政府、企业、NGO、媒体及公众，本书将其服务的目标对象及工作内容进行提炼，以探寻碳减排多主体协同作用模式的本质，解释五类主体之间复杂的作用关系。

本书基于一个利益相关者的视角，考查了推动碳减排的五类主体及其行为，五类主体包括：政府、企业、NGO、媒体和公众，具体行为包括：五类主体发出的各种与碳减排有关的行为，研究方法主要是通过问卷调查而进行，设计了李克特 5 级量表，通过若干问题包括封闭式问题和开放式问题获取答案，共开展了为期 3 个月的调查工作，通过统计分析考察了被调查者对五类主体在推动碳减排行动中的态度，包括重要性和满意度的测量，在此基础上，构建了一个推进碳减排的概念模型——五主体互动响应模型，分析他们之间相互的影响与作用，结果表明：在碳减排工作中，五类主体的作用各不相同，本书的基本定位是：政府起到主导作用，企业和公众是减排的主体，NGO 主要起协调作用，媒体的任务是做好监督工作。

（三）采用多种定量方法对碳排放的演变机理进行剖析

针对不同的研究对象，本书选取适当的方法对碳排放的演变机理进行定量研究，主要包括两种方法。

1. 脱钩模型方法

基于脱钩模型对河北省碳排放的脱钩关系进行了研究，共测算了两类脱钩指数，分别为碳排放与经济增长的脱钩弹性指数、能源消费与经济增长的脱钩弹性指数，发现两类指数在观察期内的同年份表现完全一致，且在大部分年份指向弱脱钩状态，脱钩程度受宏观经济形势、产业结构、经济发展方式、能源消费结构、技术进步等因素的影响而变动，本书具体分析了影响因素的作用过程，并对未来弱脱钩的发展趋势做出预测。

2. LMDI 指数分解方法

基于 LMDI 指数分解方法对河北省主要年份的碳排放变动量进行了分解研究，进行了四种效应的分解，分别为：碳强度效应、能源强度效应、经济效应和人口效应，结果表明：经济效应和能源强度效应对碳排放变动量的作用显著且贡献率较大，碳强度效应和人口效应对碳排放变动量的作用不够显著且贡献率较小。

（四）根据多种指标对不同尺度的研究区进行碳排放类型分区方案设计

本书尝试了对不同对象进行分区，建立了多个可操作性的类型分区方案，包括 1 个碳排放总量类型分区方案，1 个碳强度类型分区方案，并据此标准分别对各类对象进行了多年份的碳减排分区划定工作，具体如下。

（1）省域碳排放总量类型分区方案：在国内经典类型分区方案

的基础上，对原方案进行了层级和指标的改进，分为主类和亚类两个层级，主类是一级分区，共包含四类排放区，亚类是在每个主类下的二级分区，每个亚类下包含两类排放区，这样主类和亚类组合共形成八类排放区，分别为超重度Ⅰ类排放区、超重度Ⅱ类排放区；重度Ⅰ类排放区、重度Ⅱ类排放区；中度Ⅰ类排放区、中度Ⅱ类排放区；轻度Ⅰ类排放区、轻度Ⅱ类排放区。

（2）省域碳强度类型分区方案：选取合适的碳强度阈值将各省按照碳强度阈值分为高碳强度区、中碳强度区、低碳强度区三种类型。

（五）运用多种经济学模型对碳排放的影响因素进行解析

本书运用三类计量经济学模型进行了研究，它们分别是：全国时间序列计量经济模型、全国及区域面板计量经济模型、空间计量经济模型。

1. 全国时间序列计量经济模型

选取碳排放的重要影响因素之一——国内生产总值，建立了碳排放总量和GDP的时序计量经济模型，通过协整检验、误差修正模型、基于VAR模型的脉冲响应函数及因果关系检验，分析了二者之间的长短期关系，揭示了全国尺度碳排放的演变机理，表明我国碳排放和GDP之间存在长期均衡的协整关系和短期动态调整机制。

2. 全国及区域面板计量经济模型

建立了面板计量经济模型，对碳排放的影响因素进行研究，选取碳排放的主要影响因素，包括经济发展水平、产业结构、能源消费结构、人口规模、城镇化水平、技术进步，建立了全国尺度的模型和东部、中部、西部、东北四大区域尺度的模型，大部分模型表现的共同规律为：经济增长助推碳排放趋势明显，技术进步对减排起到至关重要的作用。

3. 空间计量经济模型

基于空间计量经济学的空间自相关研究方法测算了全国各省的全局空间自相关指数和局部空间自相关指数，根据指数值判断了观察期内各省碳排放的空间格局分布模式，依据局部空间自相关分析，首次提出了碳排放“四点定位”理论，即首先识别碳排放的热点、冷点、凹点和凸点省份，然后据此提出合理的减排路径。

（六）针对中国典型碳排放大省进行实证和示范研究

本书以河北省为例，对中国化石能源消费碳排放大省进行案例研究，河北省大部分年份在碳排放类型区划分中处于超重度Ⅰ类排放区的位置，是排放量较高的代表省份，具有研究的典型性，本书对其进行了时空格局、演变机理及影响因素研究，据此提出政策建议，可为其他地区的碳减排工作提供参考和借鉴。

（七）考虑不同维度全方位制定中国碳减排政策建议

碳减排政策制定应是一个有针对性不断调整的过程，本书旨在根据不同的对象提出差异化的减排政策建议，从主观和客观两个维度着眼，主观方面主要是基于利益相关者的视角，识别了推动碳减排的五类主体包括政府、企业、NGO、媒体和公众，对他们在碳减排过程中的作用和任务进行了界定，客观方面分别对全国、四大地区、减排“四点省份”及河北省提出了相应政策建议。

（1）针对全国及四大地区的政策建议：需要重点调整能源消费结构的地区包括：全国、东部、中部、西部、东北；需要重点控制人口的地区包括：全国、中部；需要重点调整产业结构的地区包括：全国、东部、中部、东北；需要在推进城镇化的过程中重点关注碳排放对其带来负面影响的地区有：东部。

（2）针对四大地区的政策建议：根据四大地区本身具有的优势和劣势，结合减排形势，提出四大地区的减排战略和具体策略。

（3）针对减排“四点省份”的政策建议：根据碳排放“四点定位”理论，分别针对碳排放热点省份、冷点省份、凹点省份和凸点省份提出减排政策建议。

（4）针对碳排放大省——河北省进行实证研究，运用相似关系、脱钩模型和 LMDI 指数分解法对碳排放的时空格局、演变机理和影响因素进行研究，从五个方面对河北省未来碳减排提出可操作性的政策建议。

二、主要政策建议

（一）碳减排推进主体：应承担与时俱进的推进义务

第一，推进各类主体协同开展工作。

碳减排研究融合了环境经济学、区域经济学、地理学、气象学等多学科交叉的特征，需要多学科复合背景的“多专多能”型人才积极参与。本书探索性地研究了推进碳减排的利益相关者及其行为特征，在此基础上，构建了一个概念模型——五主体互动响应模型，提出了五类主体共同参与碳减排的工作框架。在此工作框架下，组成主体包括政府、企业、NGO、媒体和公众，他们都是推进碳减排的利益相关者，在这种开放的机制下，各类主体有利于交流合作；有利于承担相应的义务；有利于履行责任和相互监督等。

第二，加强中国特色新型智库的作用。

联合国气候变化谈判一直在各国的关注下缓慢推进，步履维艰，这使我们的学术研究不断面临纷繁复杂的新背景，使我们的政策制定始终处于博弈制衡的新局面，我们该如何应对？碳减排政策的制定需要利益相关方包括政府部门、各类智库、社会团体、各类企业等共同协商、适时调整。这里特别强调智库的作用，在发达国家如美国，兰德智库、布鲁金斯学会已成为政府决策的重要参考。在我国，十八届三中全会《决定》明确提出，“加强中国特色新型智库建设，建立健全决策咨询制度”。十八届三中全会《决定》关于智库建设的要求，核心是建设中国特色新型智库，表明智库是现代国家治理体系的重要组成部分，在推进国家治理体系和治理能力现代化进程中将扮演越来越重要的角色；表明中国特色新型智库建设列入了中国全面深化改革的议程，是全面深化改革的一个重大战略举措；表明中国特色新型智库建设进入了一个新阶段，进入了顶层设计的框架。在碳减排政策制定过程中，应鼓励政府智库、民间智库的广泛参与，充分发挥其“思想库”的作用，为推进碳减排贡献更多的智慧。

（二）碳减排战略规划：应具备集成决策的统筹思维

碳减排相关研究具有复杂性、多变性、系统性等特征，因此，碳减排战略规划的制定应以大数据为基础，以先进的信息化数据库和平台为支撑，以权威的研究成果为依托，形成云决策格局。以我国省域碳减排总体战略规划制定为例，需把握以下关键点：第一，全面普查，集成决策；第二，分类治理，循序渐进。

1. 全面普查，集成决策，构建省域碳排放数据库并实施云决策

全面普查，是指利用科学可靠的方法对全国的碳排放情形进行核查。目前，国家发改委正在推进试点示范地区的温室气体排放清单编制及核算标准体系建设工作，摸清家底可以此为基础。上述工作都需要精准的数据作为前提，要改变传统的数据获取方式，不能单一借助统计数据或调查数据，要形成一个“四位一体”的数据获取源，将统计数据、调查数据、监测数据及遥感数据综合集成，实时共享。

集成决策，是指依托大数据进行云决策。目前，我国正在快速推进温室气体排放清单编制工作，建议在清单编制的基础上，进一步筹建全国省域碳排放数据库，碳排放数据库包括基础统计指标数据库和遥感影像解译数据库等，前者主要是依靠统计数据和普查计算得出结果，涵盖碳排放总量、人均碳排放、碳强度等关键指标，后者主要是利用先进的 3S 技术收集卫星和探测器数据，3S 技术包

括：遥感技术（Remote Sensing，简称 RS）、地理信息系统（Geography Information Systems，简称 GIS）和全球定位系统（Global Positioning Systems，简称 GPS），3S 技术是将空间技术、传感器技术、卫星定位与导航技术和计算机技术、通讯技术相结合，多学科高度集成的对空间信息进行采集、处理、管理、分析、表达、传播和应用的现代信息技术。2014 年 1 月 22 日，国务院办公厅印发《关于促进地理信息产业发展的意见》（以下简称《意见》），该《意见》充分认识到发展地理信息产业这一战略性新兴产业的重大意义，提出用 5 至 10 年时间，使我国地理信息获取能力明显提升，科技创新能力持续增强，市场监管有效、竞争有序，产品更加丰富、应用更加广泛，产业国际竞争力显著提高。此外，要推动重点领域快速发展，提升遥感数据获取和处理能力，发展测绘应用卫星、高中空航摄飞机、低空无人机、地面遥感等遥感系统，加快建设航空航天对地观测数据获取设施；发展地理信息与导航定位融合服务，结合北斗卫星导航产业的发展，提升导航电子地图、互联网地图等基于位置的服务能力；促进地理信息深层次应用。在国家政策的引导下，通过以上各类技术和管理手段的综合运用，建立碳排放数据库，集成可视化的云决策平台，形成多地交互、实时获取、系统共享的智慧化云决策格局。

2. 分类治理，循序渐进，针对各省省情逐步实施分类减排政策

分类治理，是指要把握求同存异的原则，针对同类省份给予近似而又非完全相同的政策制定。求同，就是借鉴相似地区的减排经

验，拿来主义，为我所用，这样可以大大节省政策制定的时间，缩短步骤，简化政策执行的程序；存异，就是在真正运用政策的过程中，要仔细对比相似省份的差异性，根据本省的具体情形灵活掌握。

循序渐进，是需按一定的顺序逐步推进减排政策。全国各省的碳排放情形是不断变化的，不能一成不变地执行同一政策，要注重各个省份的动态变化，保持减排政策的综合平衡，发挥政策的区域最优效益，防止出现头疼医头、脚疼医脚，导致顾此失彼的被动结局。

（三）碳减排政策制定：应兼顾多种工具的组合运用

1. 注重政策涵盖的领域和层面

碳减排规制政策包括经济手段、法律手段、技术手段、行政手段的规制。过去，我国减排政策制定的政府主义倾向严重，多集中于技术手段和行政手段层面，忽略了经济手段和法律手段的应用，对利益相关者进行了较多的干预和控制。总体来看，我国应强化碳减排政策制定在减排效益和经济发展中的调节作用，优化碳减排政策制定路径，注重政策领域的全面覆盖，包括与碳排放有关的产业、行业等不同层面，政策内容可包括能源消费结构调整方面、产业结构调整方面、经济发展方式方面、技术进步方面等。

2. 注重政策的多重手段互补并用

在当前的碳减排政策制定中，规制不足与规制过度、规制越位与规制缺位同时并存，法律手段、行政手段、经济手段和技术手段的不均衡普遍存在，应组合运用多种政策工具实施规制。我国现有的碳减排规制政策分类如表7.1，对每一类政策，应促进正向激励政策和负向约束政策双向并举，例如在行政手段方面，正向激励政策已经较多，而负向约束政策较少，今后要加强如负面清单的推进等。

表7.1　我国节能减排规制政策

政策类型	政策指向	政策内容
经济政策	正向激励政策	能源税、费改革，探矿权价款、采矿权价款、矿产资源税，引入合同能源管理模式等
	负向约束政策	矿产资源补偿费、矿山恢复治理保证金等
法律政策	双向政策	《电力法》、《煤炭法》、《节约能源法》、《矿产资源法》等相关法律、法规、规章、处罚条例等
技术政策	正向激励政策	引入第三方机构进行公开技术鉴定，修订《新能源规划》、《可再生能源规划》、《矿产勘查技术手册》、《矿产资源规划》、《温室气体排放清单》等
	负向约束政策	制定《落后产能淘汰技术标准规范》等
行政政策	正向激励政策	煤炭、石油、天然气政府定价或政府指导定价、矿产资源开采登记、矿产资源审批、环评制度（项目环评、规划环评、战略环评）、能评制度等
	负向约束政策	负面清单等

3. 注重政策的模拟、评价及实施效果

碳减排政策的制定是一个长期的过程，我国目前还处于探索阶段，尤其对于政策评价的过程、标准、效果等方面，还需加大力度完善和细化，今后需进一步研究的方向：可考虑借鉴不同国家不同发展阶段的经验，从纵向和横向角度进行比对，对我国碳排放政策进行评价和模拟，以期取得良好的效果。

三、政策精要

政策精要将全书涉及的政策进行高度概括，分别从二维、三维、四维视角进行全方位多角度的解读，针对我国目前政策的应用现状给予评价，并提出相应建议。

（一）二维政策解读

在二维研究视角下，包括三类政策研究：减排主客体政策研究、减排时点和时段政策研究、减排双向政策研究，具体见表7.2。

表7.2　二维政策解读

	减排主客体政策研究	减排时点和时段政策研究	减排双向政策研究
研究内容	减排主体和客体包括哪些、他们的行为有哪些	从时间角度提出减排政策，时点研究和时段研究双向并进，可以在同一时点下对不同区域进行比较研究，也可以对同一区域的不同时段进行历史分析	正向激励政策、负向约束政策
政策指向	明晰减排主体和客体的权责和任务，便于对相关主体进行绩效考核，改进减排效果	“十二五”规划提出的减排任务目前只完成了部分，剩下的任务应须在“十二五”末期完成，我国减排压力巨大，这就需要设立关键时点，把控关键时段，完善后期政策。对于下个五年计划，要制定更为合理的时段和时点任务	二者结合运用、发挥互补效应
本书涉及章节	综合报告、问卷调查（第五、第七章）	专题报告一、二、三，案例研究（第二、第三、第四、第六章）	综合报告（第七章）
我国政策现状	薄弱	薄弱	一般，负向约束政策方面较薄弱

（二）三维政策解读

在三维研究视角下，包括四类政策研究：多尺度减排政策研究、三维指标减排政策研究、分时控制政策研究、分类控制政策研究，具体见表7.3。

表7.3 三维政策解读

	多尺度减排政策研究	三维指标减排政策研究	分时控制政策研究	分类控制政策研究
研究内容	从空间角度研究全国、区域、省域碳排放的时空格局、演变机理	包括三类：碳排放指标（含三类：碳排放总量、人均碳排放量、碳强度）+能源指标+经济指标	对事前、事中、事后进行控制的政策	明确区分三类审批项目：包括鼓励类、限制类和禁止类
政策指向	明晰政策试用的区域	依托相关数据建立三类指标库，作为制定政策的基本支撑	三者结合运用、发挥互补作用，如核准制：事前审批；备案制：事中监管和事后处罚，后者有利于压缩政府部门在核准项目过程中寻租的空间，降低政府行政成本与可自由裁量空间，有利于使政府在市场活动中的角色从参与者向监管者归位	对企业新上项目进行严格的核准和审批，确定项目归属类型，对不同类型的项目实施不同的减排政策
本书涉及章节	专题报告一、二、三（第二、第三、第四章）	专题报告一、二、三，案例研究（第二、第三、第四、第六章）	综合报告（第七章）	综合报告（第七章）
我国政策现状	薄弱	一般	薄弱	薄弱，无明确区分

（三）四维政策解读

在四维研究视角下，包括四类政策研究：四位一体数据源政策研究、四种规制政策研究、四维分解政策研究和四轮驱动政策研究，具体见表7.4。

表7.4　四维政策解读

	四位一体数据源政策研究	四种规制政策研究	四维分解政策研究	四轮驱动政策研究
研究内容	应形成一个“四位一体”的数据源采集平台，将统计数据、调查数据、监测数据及遥感数据综合集成，实时共享、在大数据基础上构建智慧化云决策平台	法律手段、行政手段、经济手段和技术手段	基于LMDI指数分解法对河北省能源消费引起的碳排放进行了四种效应的分解研究，分别为：碳强度效应、能源强度效应、经济效应和人口效应	明确区分各部委的职责包括：发改委、环保部、工信部，其他相关部门（包括财政部、国土部、农业部、林业局等），前三部门为主，其他部门为辅，形成四轮驱动决策的局面
政策指向	有助于形成客观的分析和判断并给出科学的结论	对于减排中长期规划，可从四方面综合考虑制定政策，并考虑它们之间的相互影响，进行政策模拟评价	四种效应的分解研究可以表征其对碳排放的贡献程度，可以据此进行政策设计	发改委、环保部、工信部对企业项目有核准、审批、检查、监督的职责，其他部门协调参与相关工作
本书涉及章节	综合报告（第七章）	综合报告，案例研究（第六、第七章）	案例研究（第六章）	综合报告（第七章）
我国政策现状	薄弱	一般	薄弱	一般

四、研究展望

（1）鉴于调查时间、地点的局限性和题目的难易程度，问卷着重调查了河北和北京两地的人群，样本的组成以专科及以上的群体为主，得出的结论具有一定的局限性，今后还需做更大样本的调查，样本的组成也应多样化，才能更加客观真实地反映实际问题。

（2）对于碳减排主观因素的研究，本书对碳减排的利益相关者进行了识别，找出了五类主体，包括政府、企业、NGO、媒体和公众，描述了他们之间的相互作用，但对于作用的方式、程度等没有具体说明，今后还需进一步深入研究，以探寻碳减排多主体协同作用模式的本质，解释五类主体之间复杂的作用关系。

（3）碳减排政策制定是一个长期的过程，我国目前还处于探索阶段，本书也仅是根据研究结果提出了一些个人观点，还需进一步进行评价、模拟和完善。

附录
碳减排主体及其行为研究调查问卷

问卷编号：　　复核编码：

访问员：　　督导员：　　复核员：　　录入员：

尊敬的朋友：

您好！

感谢您参与此次调查，本问卷是由相关研究机构共同进行的一项学术研究活动，想通过这次问卷了解大家对碳减排主体及其所实施行为的看法，您的回答对我们的研究结论非常重要，答案无对错之分，若有某个问题未能完全表达您的意见时，请选择最接近您看法的答案，本问卷所获信息不会用于任何商业目的，请您放心填写，感谢您的合作。

一、问卷填写说明

本问卷主要分四部分，调查内容由封闭式题目和开放式题目组成，第一部分是关于碳减排主体及其行为的重要性评价，第二部分是关于碳减排主体及其行为的满意度评价，这两部分为封闭式问题，请分别判断各条目对推进碳减排的作用程度是否重要及是否满意，在相应的数字上打“√”，题目全部为单选。第三部分是开放式问题，请按要求填写在横线上。第四部分是个人背景信息，请在相应的选项上打“√”。

二、问卷内容

（一）碳减排主体及其行为的重要性评价

序号	条目	请您判断各条目对推进碳减排的作用程度是否重要				
		很不重要	不太重要	一般	比较重要	非常重要
1	您认为以下主体对推进碳减排的作用程度如何？					
A	各级政府及监管组织	1	2	3	4	5
B	各类企业	1	2	3	4	5
C	NGO（非政府组织），如行业协会、商会	1	2	3	4	5
D	媒体	1	2	3	4	5
E	公众	1	2	3	4	5
2	在政府方面：下列政策及行为您认为对推进碳减排的作用程度如何？					
（1）	政府的宏观经济政策方面					
A	法律政策：如颁布《节约能源法》等	1	2	3	4	5
B	价格政策：如促进能源价格和国际接轨等	1	2	3	4	5
C	税收政策：如征收能源税——成品油消费税等	1	2	3	4	5

续表

序号	条目	请您判断各条目对推进碳减排的作用程度是否重要				
		很不重要	不太重要	一般	比较重要	非常重要
D	行政政策：如将碳减排责任纳入政府政绩考核体系等	1	2	3	4	5
E	技术政策：如颁布《中国节能技术政策大纲》等	1	2	3	4	5
(2)	政府对企业的推进政策及行为					
A	对各类企业履行碳减排社会责任的倡议	1	2	3	4	5
B	对各类企业碳减排负面信息的规制	1	2	3	4	5
C	对企业实施碳减排过程和效果的监管及绩效考核	1	2	3	4	5
(3)	政府对不同类型能源的推进政策及行为					
A	对非可再生能源的规制，如征收税费等	1	2	3	4	5
B	对可再生能源的推进，如对使用新能源的企业给予补贴等	1	2	3	4	5
3	在企业方面：下列政策及行为您认为对推进碳减排的作用程度如何？					
(1)	企业战略及策略方面					
A	建立环境管理体系认证，如 ISO14001 环境管理体系认证等	1	2	3	4	5
B	对员工定期进行环保培训	1	2	3	4	5
C	绿色采购制度	1	2	3	4	5
D	对新投资项目做环境影响评价	1	2	3	4	5
E	建立环保产品的研发与销售体系	1	2	3	4	5
F	环保技术设备的研发与应用，清洁生产、循环经济等措施和技术的实施	1	2	3	4	5
G	企业的环保投资占总投资的比重	1	2	3	4	5
H	是否开展环保公益活动	1	2	3	4	5
I	对环保违规负面信息是否积极响应并及时修正	1	2	3	4	5

续表

序号	条目	请您判断各条目对推进碳减排的作用程度是否重要				
		很不重要	不太重要	一般	比较重要	非常重要
J	是否使用新能源、可再生能源，其使用量或使用率达到一定指标	1	2	3	4	5
K	是否建立企业社会责任体系并包含碳减排责任	1	2	3	4	5
L	企业实施碳减排，有利于企业树立品牌形象，提高知名度和美誉度	1	2	3	4	5
M	企业实施碳减排，有利于在国际市场参与全球化竞争	1	2	3	4	5
（2）	企业类型方面					
A	中央企业、国有企业对整个社会碳减排的作用程度	1	2	3	4	5
B	私营企业对整个社会碳减排的作用程度	1	2	3	4	5
C	外资企业对整个社会碳减排的作用程度	1	2	3	4	5
4	在 NGO 方面：下列政策及行为您认为对推进碳减排的作用程度如何？					
A	您所在的居住地（省域范围内）是否具有 NGO 组织	1	2	3	4	5
B	NGO 组织在推进碳减排方面是否和政府、企业、公众、媒体等进行沟通及沟通效果	1	2	3	4	5
5	在媒体方面：下列政策及行为您认为对推进碳减排的作用程度如何？					
A	媒体在报道碳减排正面信息方面，其有效性和及时性	1	2	3	4	5
B	媒体在披露碳减排负面信息方面，其有效性和及时性	1	2	3	4	5
C	媒体是否站在客观中立的角度进行事实性报道	1	2	3	4	5
6	在公众方面：下列政策及行为您认为对推进碳减排的作用程度如何？					

续表

序号	条目	请您判断各条目对推进碳减排的作用程度是否重要				
		很不重要	不太重要	一般	比较重要	非常重要
(1)	公众对公共政策的认知和履行方面					
A	公众对碳减排政策的关注程度	1	2	3	4	5
B	公众对碳减排政策的认同程度	1	2	3	4	5
C	公众对碳减排政策的履行程度：如在北京是否愿意自觉遵守汽车限行规定等	1	2	3	4	5
(2)	公众对自身行为的认知和履行方面					
A	公众的消费方式：与普通产品相比，公众是否更愿意购买环保产品，如购买节能家电等	1	2	3	4	5
B	公众的出行方式：与高耗能出行方式相比，公众是否更愿意选择乘坐公交和地铁等	1	2	3	4	5
C	公众的居家方式：如公众是否及时关闭不用的电器，少乘电梯等	1	2	3	4	5

（二）碳减排主体及其行为的满意度评价

序号	条目	请您判断各条目对推进碳减排的作用程度是否满意				
		很不满意	不太满意	一般	比较满意	非常满意
1	您认为以下主体对推进碳减排的作用程度如何?					
A	各级政府及监管组织	1	2	3	4	5
B	各类企业	1	2	3	4	5
C	NGO（非政府组织），如行业协会、商会	1	2	3	4	5
D	媒体	1	2	3	4	5
E	公众	1	2	3	4	5

续表

序号	条目	请您判断各条目对推进碳减排的作用程度是否满意				
		很不满意	不太满意	一般	比较满意	非常满意
2	在政府方面：下列政策及行为您认为对推进碳减排的作用程度如何？					
（1）	宏观经济政策方面					
A	法律政策：如颁布《节约能源法》等	1	2	3	4	5
B	价格政策：如促进能源价格和国际接轨等	1	2	3	4	5
C	税收政策：如征收能源税——成品油消费税等	1	2	3	4	5
D	行政政策：如将碳减排责任纳入政府政绩考核体系等	1	2	3	4	5
E	技术政策：如颁布《中国节能技术政策大纲》等	1	2	3	4	5
（2）	政府对企业的推进政策及行为					
A	对各类企业履行碳减排社会责任的倡议	1	2	3	4	5
B	对各类企业碳减排负面信息的规制	1	2	3	4	5
C	对企业实施碳减排过程和效果的监管及绩效考核	1	2	3	4	5
（3）	对不同类型能源的推进政策及行为					
A	对传统能源、非可再生能源使用的规制，如对使用量，使用年限做出限定等	1	2	3	4	5
B	对新能源、可再生能源的推进，如对使用新能源的企业实施减税措施等	1	2	3	4	5
3	在企业方面：下列政策及行为您认为对推进碳减排的作用程度如何？					
（1）	企业战略及策略方面					
A	建立环境管理体系认证，如 ISO14001 环境管理体系认证等	1	2	3	4	5
B	对员工定期进行环保培训	1	2	3	4	5
C	绿色采购制度	1	2	3	4	5

续表

序号	条目	请您判断各条目对推进碳减排的作用程度是否满意				
		很不满意	不太满意	一般	比较满意	非常满意
D	对新投资项目做环境影响评价	1	2	3	4	5
E	建立环保产品的研发与销售体系	1	2	3	4	5
F	环保技术设备的研发与应用，清洁生产、循环经济等措施和技术的实施	1	2	3	4	5
G	企业的环保投资占总投资的比重	1	2	3	4	5
H	是否开展环保公益活动	1	2	3	4	5
I	对环保违规负面信息是否积极响应并及时修正	1	2	3	4	5
J	是否使用新能源、可再生能源，其使用量或使用率达到一定指标	1	2	3	4	5
K	是否建立企业社会责任体系并包含碳减排责任	1	2	3	4	5
L	企业实施碳减排，有利于企业树立品牌形象，提高知名度和美誉度	1	2	3	4	5
M	企业实施碳减排，有利于在国际市场参与全球化竞争	1	2	3	4	5
(2)	企业类型方面					
A	中央企业、国有企业对整个社会碳减排的作用程度	1	2	3	4	5
B	私营企业对整个社会碳减排的作用程度	1	2	3	4	5
C	外资企业对整个社会碳减排的作用程度	1	2	3	4	5
4	在 NGO 方面：下列政策及行为您认为对推进碳减排的作用程度如何？					
A	您所在的居住地（省域范围内）是否具有 NGO 组织	1	2	3	4	5
B	NGO 组织在推进碳减排方面是否和政府、企业、公众、媒体等进行沟通及沟通效果	1	2	3	4	5
5	在媒体方面：下列政策及行为您认为对推进碳减排的作用程度如何？					

续表

序号	条目	请您判断各条目对推进碳减排的作用程度是否满意				
		很不满意	不太满意	一般	比较满意	非常满意
A	媒体在报道碳减排正面信息方面，其有效性和及时性	1	2	3	4	5
B	媒体在披露碳减排负面信息方面，其有效性和及时性	1	2	3	4	5
C	媒体是否站在客观中立的角度进行事实性报道	1	2	3	4	5
6	在公众方面：下列政策及行为您认为对推进碳减排的作用程度如何？					
(1)	公众对公共政策的认知和履行方面					
A	公众对碳减排政策的关注程度	1	2	3	4	5
B	公众对碳减排政策的认同程度	1	2	3	4	5
C	公众对碳减排政策的履行程度：如在北京是否愿意自觉遵守汽车限行规定等	1	2	3	4	5
(2)	公众对自身行为的认知和履行方面					
A	公众的消费方式：与普通产品相比，公众是否更愿意购买环保产品，如购买节能家电等	1	2	3	4	5
B	公众的出行方式：与高耗能出行方式相比，公众是否更愿意选择乘坐公交和地铁等	1	2	3	4	5
C	公众的居家方式：如公众是否及时关闭不用的电器，少乘电梯等	1	2	3	4	5

（三）以下三个问题考察您对碳减排主体所实施行为的看法，请将答案填写在横线上

1. 您对下列五类主体：政府、企业、NGO、媒体及公众有何看法？您对他们在推进碳减排的行动中有什么意见和建议？

____

____

2. 在推进碳减排的过程中，对于中央企业、国有企业、私营企业和外资企业，您认为他们在哪些方面做得比较好，哪些方面做得比较差，请分别回答。

____

____

3. 如果网络、电视、报纸和广播四类主流媒体都在报道碳减排信息，您通常会选择哪类媒体了解相关信息，为什么？

____

____

（四）个人背景信息

1 所在地	您来自________（省、自治区、直辖市）________市（县、区）
2 年龄	A. 18 ~ 30 岁，B. 31 ~ 40 岁，C. 41 ~ 50 岁，D. 51 ~ 60 岁，E. 61 岁以上
3 性别	A. 男，B. 女
4 政治面貌	A. 党员，B. 群众，C. 民主党派
5 文化程度	A. 初中及以下，B. 高中或中专，C. 专科，D. 本科，E. 研究生
6 职业	A. 事业单位行政人员，B. 科研人员、教师，C. 学生，D. 公司职员，E. 公司管理者，F. 公务员，G. 工人，H. 个体经商者，I. 农民，J. 其他
7 月收入水平（元）	A. 2000 以下，B. 2001 ~ 5000，C. 5001 ~ 10000，D. 10001 ~ 20000，E. 20001 以上

填写完毕，感谢您对我们科研工作的支持与帮助！

填表时间：____年____月____日

参考文献

References

[1] Apergis N, Payne J E. Energy consumption and growth in South America: Evidence from a panel error correction model. Energy Economics, 2010, 32 (6): 1421 - 1426.

[2] Apergis N, Payne J E. Energy consumption and economic growth in Central America: Evidence from a panel cointegration and error correction model. Energy Economics, 2009, 31 (2): 211 - 216.

[3] Atmadja S, Verchot L. A review of the state of research, policies and strategies in addressing leakage from reducing emissions from deforestation and forest degradation (REDD plus). Mitigation and Adaptation Strategies for Global Change, 2012, 17 (3): 311 - 336.

[4] Beaudreau B C. On the methodology of energy - GDP Granger causality tests. Energy, 2010, 35 (9): 3535 - 3539.

[5] Belke A, Dobnik F, Dreger C. Energy consumption and economic growth: New insights into the cointegration relationship. Energy Economics, 2011, 33 (5): 782 - 789.

[6] Bloch H, Rafiq S, Salim R. Coal consumption, CO_2 emission and economic growth in China: Empirical evidence and policy responses. Energy Economics, 2012, 34 (2): 518 - 528.

[7] C. W. J. G. Causality, cointegration, and control. Journal of Economic Dynamics and Control, 1988a, 12 (2 - 3): 551 - 559.

[8] C. W. J. G. Testing for causality: A personal viewpoint. Journal of Economic Dynamics and Control, 1980, 2 (0): 329 - 352.

[9] C. W. J. G. Some recent development in a concept of causality. Journal of Econometrics, 1988b, 39 (1 - 2): 199 - 211.

[10] Chang C. A multivariate causality test of carbon dioxide emissions, energy consumption and economic growth in China. Applied Energy, 2010, 87 (11): 3533 - 3537.

[11] Chevallier J. Evaluating the carbon - macroeconomy relationship: Evidence from threshold vector error - correction and Markov - switching VAR models. Economic Modelling, 2011, 28 (6): 2634 - 2656.

[12] Costantini V, Martini C. The causality between energy consumption and economic growth: A multi - sectoral analysis using non - stationary cointegrated panel data. Energy Economics, 2010, 32 (3): 591 - 603.

[13] Creti A, Jouvet P, Mignon V. Carbon price drivers: Phase I versus Phase II equilibrium? Energy Economics, 2012, 34 (1): 327 - 334.

[14] Fallahi F. Causal relationship between energy consumption (EC) and GDP: A Markov - switching (MS) causality. Energy, 2011, 36 (7): 4165 - 4170.

[15] Ghosh S. Examining carbon emissions economic growth nexus for India: A multivariate cointegration approach. Energy Policy, 2010, 38 (6): 3008 - 3014.

[16] Hamit - Haggar M. Greenhouse gas emissions, energy consumption and economic growth: A panel cointegration analysis from Canadian industrial sector perspective. Energy Economics, 2012, 34 (1): 358 - 364.

[17] Hatzigeorgiou E, Polatidis H, Haralambopoulos D. CO_2 emissions, GDP and energy intensity: A multivariate cointegration and causality analysis for Greece, 1977 - 2007. Applied Energy, 2011a, 88 (4): 1377 - 1385.

[18] Hatzigeorgiou E, Polatidis H, Haralambopoulos D. CO_2 emissions, GDP and energy intensity: A multivariate cointegration and causality analysis for Greece, 1977 - 2007. Applied Energy, 2011b, 88 (4): 1377 - 1385.

[19] Jalil A, Mahmud S F. Environment Kuznets curve for CO_2 emissions: A cointegration analysis for China. Energy Policy, 2009, 37 (12): 5167 - 5172.

[20] Jiang S, Wan H, Shao S, et al. Decomposition analysis of carbon reduction measures and carbon emission changes in five areas in China. Journal of Shanghai University (English Edition), 2011 (6): 522 - 528.

[21] Jinke L, Hualing S, Dianming G. Causality relationship between coal consumption and GDP: Difference of major OECD and non - OECD countries. Applied Energy, 2008, 85 (6): 421 - 429.

[22] KRAFT J, KRAFT A. RELATIONSHIP BETWEEN ENERGY AND GNP. Journal of Energy and Development, 1978, 3 (2): 401 -403.

[23] Lean H H, Smyth R. CO_2 emissions, electricity consumption and output in ASEAN. Applied Energy, 2010, 87 (6): 1858 -1864.

[24] Lee C. The causality relationship between energy consumption and GDP in G - 11 countries revisited. Energy Policy, 2006, 34 (9): 1086 -1093.

[25] Lee C, Lee J. Income and CO_2 emissions: Evidence from panel unit root and cointegration tests. Energy Policy, 2009, 37 (2): 413 -423.

[26] Liu H, Rodríguez G. Human activities and global warming: a cointegration analysis. Environmental Modelling &Amp; Software, 2005, 20 (6): 761 -773.

[27] Narayan P K, Narayan S. Carbon dioxide emissions and economic growth: Panel data evidence from developing countries. Energy Policy, 2010, 38 (1): 661 -666.

[28] Narayan P K, Smyth R. Energy consumption and real GDP in G7 countries: New evidence from panel cointegration with structural breaks. Energy Economics, 2008, 30 (5): 2331 -2341.

[29] Nasir M, Ur Rehman F. Environmental Kuznets Curve for carbon emissions in Pakistan: An empirical investigation. Energy Policy, 2011, 39 (3): 1857 -1864.

[30] Oh W, Lee K. Energy consumption and economic growth in Korea: testing the causality relation. Journal of Policy Modeling, 2004, 26 (8 -9): 973 -981.

[31] Pao H, Tsai C. CO_2 emissions, energy consumption and economic growth in BRIC countries. Energy Policy, 2010, 38 (12): 7850 -7860.

[32] Pao H, Tsai C. Multivariate Granger causality between CO_2 emissions, energy consumption, FDI (foreign direct investment) and GDP (gross domestic product): Evidence from a panel of BRIC (Brazil, Russian Federation, India, and China) countries. Energy, 2011, 36 (1): 685 -693.

[33] Sarma V V S S, Viswanadham R, Rao G D, et al. Carbon dioxide emissions from Indian monsoonal estuaries. Geophysical Research Letters, 2012, 39.

[34] Shahbaz M, Lean H H, Shabbir M S. Environmental Kuznets Curve hypothesis in Pakistan: Cointegration and Granger causality. Renewable and Sustainable Energy Reviews, 2012, 16 (5): 2947 -2953.

[35] Sharif Hossain M. Panel estimation for CO_2 emissions, energy consumption, economic growth, trade openness and urbanization of newly industrialized countries. Energy Policy, 2011, 39 (11): 6991 – 6999.

[36] Soytas U, Sari R, Ewing B T. Energy consumption, income, and carbon emissions in the United States. Ecological Economics, 2007, 62 (3 – 4): 482 – 489.

[37] Sun J, Peng F. Empirical Analysis on Energy Consumption and Economic Growth in Yangtze River Delta—an estimation based on Cointegration. Energy Procedia, 2011, 5 (0): 520 – 524.

[38] Tapio P. Towards a theory of decoupling: degrees of decoupling in the EU and the case of road traffic in Finland between 1970 and 2001. Transport Policy, 2005, 12 (2): 137 – 151.

[39] Wagner M. The carbon Kuznets curve: A cloudy picture emitted by bad econometrics? Resource and Energy Economics, 2008, 30 (3): 388 – 408.

[40] Wang S S, Zhou D Q, Zhou P, et al. CO_2 emissions, energy consumption and economic growth in China: A panel data analysis. Energy Policy, 2011b, 39 (9): 4870 – 4875.

[41] Wang Y, Wang Y, Zhou J, et al. Energy consumption and economic growth in China: A multivariate causality test. Energy Policy, 2011a, 39 (7): 4399 – 4406.

[42] Wang Z, Shi C, Li Q, et al. Impact of Heavy Industrialization on the Carbon Emissions: An Empirical Study of China. Energy Procedia, 2011c, 5 (0): 2610 – 2616.

[43] Wolde – Rufael Y. Bounds test approach to cointegration and causality between nuclear energy consumption and economic growth in India. Energy Policy, 2010, 38 (1): 52 – 58.

[44] Yassin M F, Ohba M. Experimental study of the impact of structural geometry and wind direction on vehicle emissions in urban environment. Transportation Research Part D – Transport and Environment, 2012, 17 (2): 161 – 168.

[45] Zhang X, Cheng X. Energy consumption, carbon emissions, and economic growth in China. Ecological Economics, 2009, 68 (10): 2706 – 2712.

[46] 曹志冬，王劲峰，高一鸽等．广州 SARS 流行的空间风险因子与空间相关性特征．地理学报，2008 (9)

[47] 陈广洲，解华明．基于空间自相关的安徽省市域发展空间格局研究．资源开发与市场，2008 (2)

[48] 陈俊武，陈香生．中国中长期碳减排战略目标初探（Ⅳ）——天然气能源在中国的应用前景和碳减排分析．中外能源，2011（8）

[49] 陈茜，苏利阳，汝醒君．发达国家不同发展阶段碳排放与经济增长的因果关系分析．生态经济，2010（4）

[50] 陈昕，王月萍，沈乐平．不同产权性质企业的利益相关者利益要求认知差异研究．管理现代化，2010（1）

[51] 董军，张旭．中国工业部门能耗碳排放分解与低碳策略研究．资源科学，2010（10）

[52] 段显明，童正卫．浙江省能源消费碳排放的因素分解——基于LMDI分析方法．北京邮电大学学报（社会科学版），2011（4）

[53] 冯天瑾，王进，李志清等．“利益相关者”理论在民间体育传承与弘扬中的应用——桂北侗乡林溪第62届花炮节成功举办的启示．体育学刊，2008（7）

[54] 郭义强，郑景云，葛全胜．一次能源消费导致的二氧化碳排放量变化．地理研究，2010a（6）

[55] 郭义强，郑景云，葛全胜．一次能源消费导致的二氧化碳排放量变化．地理研究，2010b（6）

[56] 韩智勇，魏一鸣，焦建玲等．中国能源消费与经济增长的协整性与因果关系分析．系统工程，2004a（12）

[57] 韩智勇，魏一鸣，焦建玲等．中国能源消费与经济增长的协整性与因果关系分析．系统工程，2004b（12）

[58] 郝云宏，钱晨．企业利益相关者的利益协调模式：综述与研究．经济学动态，2008（9）

[59] 胡志远．改革开放以来江苏省区域差异测度分析——基于基尼系数与泰尔指数的比较研究．国土与自然资源研究，2008（2）

[60] 胡志远，欧向军．基于泰尔指数的江苏省区域差异多指标测度．经济地理，2007（5）

[61] 黄飞飞，张小林，余华等．基于空间自相关的江苏省县域经济实力空间差异研究．人文地理，2009（2）

[62] 黄庆波，赵忠秀．世界制造业向中国转移与环境污染——基于协整理论与格兰杰因果关系检验．中央财经大学学报，2011（3）

[63] 蒋金荷．中国碳排放量测算及影响因素分析．资源科学，2011（4）

[64] 蒋金荷，吴滨．低碳经济模型现状和几个理论问题探讨．资源科学，2010（2）

[65] 景跃军，刁巍杨．东北地区一次能源消费的碳排放及低碳经济发展路径研究．管理评论，2010（8）

[66] 康晓娟，杨冬民．基于泰尔指数法的中国能源消费区域差异分析．资源科学，2010（3）

[67] 李国璋，王双．中国能源强度变动的区域因素分解分析——基于 LMDI 分解方法．财经研究，2008（8）

[68] 李国志，李宗植．二氧化碳排放决定因素的实证分析——基于 70 个国家（地区）面板数据．数理统计与管理，2011（4）

[69] 李慧，王云鹏，李岩等．珠江三角洲土地利用变化空间自相关分析．生态环境学报，2011（12）

[70] 李江苏，张雷，程晓凌．中国碳排放增长机理分析．资源科学，2010（11）

[71] 李磊，刘继．基于对数平均迪氏指数法分解的工业二氧化碳强度驱动因素分析——以新疆为例．生态经济，2011（4）

[72] 李廉水，崔维军．科技人员收入差距研究——基于基尼系数与泰尔指数的分析．科学学研究，2009（9）

[73] 李明贤，刘娟．中国碳排放与经济增长关系的实证研究．技术经济，2010（9）

[74] 李珊珊，罗良文．FDI 行业结构对中国对外贸易隐含碳排放的影响——基于指数因素分解的实证分析．资源科学，2012

[75] 李忠民，宋凯，孙耀华．碳排放与经济增长脱钩指标的实证测度．统计与决策，2011（14）

[76] 李子奈，潘文卿．计量经济学．北京：高等教育出版社，2010

[77] 梁强，范英，魏一鸣．中美石油消费与国际原油价格的协整分析．数理统计与管理，2008（4）

[78] 刘春兰，陈操操，陈群等．1997 年至 2007 年北京市二氧化碳排放变化机理研究．资源科学，2010（2）

[79] 刘华军，闫庆悦，孙曰瑶．中国二氧化碳排放的环境库兹涅茨曲线——基于时间序列与面板数据的经验估计．中国科技论坛，2011（4）

[80] 刘继森，颜雯晶．广东省经济增长与碳排放的关系研究．广东外语外贸大学学报，2010（2）

[81] 刘丽，王铮，王莹等．中国东中西部 GDP 溢出再分析．中国管理科学，2003（6）

[82] 刘扬，陈劭锋．基于 IPAT 方程的典型发达国家经济增长与碳排放关系研究．生态经济，2009（11）

[83] 龙家勇，吴承祯，洪伟等．中国省域二氧化碳排放量的空间自相关分析．生态经济，2011（10）

[84] 陆钟武，王鹤鸣，岳强．脱钩指数：资源消耗、废物排放与经济增长的定量表达．资源科学，2011（1）

[85] 吕韬，曹有挥．“时空接近”空间自相关模型构建及其应用——以长三角区域经济差异分析为例．地理研究，2010（2）

[86] 苗萌．推进河北省市场化节能减排的政策建议．经济与管理，2010（9）

[87] 聂锐，张涛，王迪．基于 IPAT 模型的江苏省能源消费与碳排放情景研究．自然资源学报，2010（9）

[88] 牛叔文，丁永霞，李怡欣等．能源消耗、经济增长和碳排放之间的关联分析——基于亚太八国面板数据的实证研究．中国软科学，2010a（5）

[89] 牛叔文，丁永霞，李怡欣等．能源消耗、经济增长和碳排放之间的关联分析——基于亚太八国面板数据的实证研究．中国软科学，2010b（5）

[90] 彭佳雯，黄贤金，钟太洋等．中国经济增长与能源碳排放的脱钩研究．资源科学，2011a（4）

[91] 彭佳雯，黄贤金，钟太洋等．中国经济增长与能源碳排放的脱钩研究．资源科学，2011b（4）

[92] 曲冬梅．从股东利益最大化到利益相关者利益最大化——我国公司法研究的一个不可忽视的问题．山东师范大学学报（人文社会科学版），2002（2）

[93] 邵帅，杨莉莉，曹建华．工业能源消费碳排放影响因素研究——基于 STIRPAT 模型的上海分行业动态面板数据实证分析．财经研究，2010a（11）

[94] 邵帅，杨莉莉，曹建华．工业能源消费碳排放影响因素研究——基于 STIRPAT 模型的上海分行业动态面板数据实证分析．财经研究，2010b（11）

[95] 沈力，刘静静，席酉民．企业利益相关者利益平衡机制研究．商业研究，2009（11）

[96] 盛亚，单航英．利益相关者与企业技术创新绩效关系：基于高度平衡型利益相关者的实证研究．科研管理，2008（6）

[97] 史红亮，陈凯．基于脉冲响应函数的中国钢铁产业能源效率及其影响因素的动态分析．资源科学，2011（5）

[98] 史竞男，赵秀颖，王涛．地理变异系数法和 Fisher 最优分割法在环境空气监测优化布点中的应用．环境科学与管理，2005（5）

[99] 宋帮英，苏方林．我国省域碳排放量与经济发展的 GWR 实证研究．财经科学，2010（4）

[100] 宋鸿，陈晓玲．运用空间自相关分析中国入境旅游增长空间格局．世界地理研究，2006（1）

[101] 孙耀华，李忠民．中国各省区经济发展与碳排放脱钩关系研究．中国人口．资源与环境，2011（5）

[102] 汪宏韬．基于 LMDI 的上海市能源消费碳排放实证分析．中国人口．资源与环境，2010

[103] 王锋，吴丽华，杨超．中国经济发展中碳排放增长的驱动因素研究．经济研究，2010（2）

[104] 王卉彤，慕淑茹．北京市能源消费总量、结构与碳排放的趋势研究．城市发展研究，2010（9）

[105] 王卉彤，王妙平．中国 30 省区碳排放时空格局及其影响因素的灰色关联分析．中国人口·资源与环境，2011（7）

[106] 王俊松，贺灿飞．能源消费、经济增长与中国 CO_2 排放量变化——基于 LMDI 方法的分解分析．长江流域资源与环境，2010（1）

[107] 王林秀，刘登，马强．PPP 项目核心利益相关者的利益分配策略研究．商业时代，2011（11）

[108] 王双英，李东，王群伟．基于 LMDI 指数分解的中国石油消费影响因素分析．资源科学，2011（4）

[109] 王伟林，黄贤金．区域碳排放强度变化的因素分解模型及实证分析——以江苏省为例．生态经济，2008（12）

[110] 王铮，龚轶，刘丽．中美间 R&D 溢出估计．科学学研究，2003a（4）

[111] 王铮，黎华群，张焕波等．中美减排二氧化碳的 GDP 溢出模拟．生态学报，2007（9）

[112] 王铮，刘海燕，刘丽．中国东中西部 GDP 溢出分析．经济科学，2003c（1）

[113] 王铮，马翠芳，王莹等．区域间知识溢出的空间认识．地理学报，2003b（5）

[114] 王铮，武巍，吴静．中国各省区经济增长溢出分析．地理研究，2005（2）

[115] 王铮，翟石艳，马晓哲．河南省能源消费碳排放的历史特征及趋势预测．地域研究与开发，2010（6）

[116] 吴玉鸣，李建霞．中国省域能源消费的空间计量经济分析．中国人口．资源与环境，2008（3）

[117] 肖慧敏．中国产业结构变动的碳排放效应研究——基于省级面板数据．地域研究与开发，2011（5）

[118] 徐国泉，刘则渊，姜照华．中国碳排放的因素分解模型及实证分析：1995－2004. 中国人口．资源与环境，2006a（6）

[119] 徐国泉，刘则渊，姜照华．中国碳排放的因素分解模型及实证分析：1995－2004. 中国人口．资源与环境，2006b（6）

[120] 徐伟，戴其文，把多勋等．中国农村居民一日游现状与出游目的空间自相关分析．旅游学刊，2010（10）

[121] 许广月．中国能源消费、碳排放与经济增长关系的研究．西方经济学，博士学位论文，2010b

[122] 许广月，宋德勇．中国碳排放环境库兹涅茨曲线的实证研究——基于省域面板数据．中国工业经济，2010a（5）

[123] 杨嵘，常烜钰．西部地区碳排放特征及发展低碳经济途径分析．西南石油大学学报（社会科学版），2012（1）

[124] 杨晓亭，常云昆．山东省经济发展与碳排放关系及碳排放增长分析．西安石油大学学报（社会科学版），2011（3）

[125] 杨振．基于环境容量的能源消费碳排放空间公平性研究．中国能源，2010（7）

[126] 姚国荣，陆林．基于利益相关者的居民利益要求实证研究——以安徽省九华山风景区为例．经济地理，2010（7）

[127] 尹效国．浅析企业社会责任的提升途径——基于利益相关者的企业社会责任与企业利益的博弈分析．中外企业家，2011（14）

[128] 余建辉，张文忠．基于社会属性的北京市居民群体空间自相关分析．地理研究，2010（5）

[129] 岳超，胡雪洋，贺灿飞等．1995—2007 年我国省区碳排放及碳强度的分析——碳排放与社会发展Ⅲ. 北京大学学报（自然科学版），2010b，5（4）

[130] 岳超，王少鹏，朱江玲等．2050 年中国碳排放量的情景预测——碳排放与社会发展Ⅳ. 北京大学学报（自然科学版），2010a（4）

[131] 张雷. 中国一次能源消费的碳排放区域格局变化. 地理研究, 2006 (1)

[132] 张雷, 黄园淅, 李艳梅等. 中国碳排放区域格局变化与减排途径分析. 资源科学, 2010a (2)

[133] 张雷, 黄园淅, 李艳梅等. 中国碳排放区域格局变化与减排途径分析. 资源科学, 2010b (2)

[134] 张雷, 黄园淅, 李艳梅等. 中国碳排放区域格局变化与减排途径分析. 资源科学, 2010c (2)

[135] 张连均, 张晶, 侯晓慧等. 江苏省人口分布的空间自相关分析. 首都师范大学学报(自然科学版), 2010 (4)

[136] 张明, 穆海林. 基于LMDI分解方法的中国特大城市客运能源消耗研究. 北京大学学报(自然科学版), 2010 (3)

[137] 张玉玲, 迟国泰, 祝志川. 基于变异系数-AHP的经济评价模型及中国十五期间实证研究. 管理评论, 2011 (1)

[138] 赵爱文, 李东. 中国碳排放与经济增长的协整与因果关系分析. 长江流域资源与环境, 2011 (11)

[139] 赵奥, 武春友. 中国 CO_2 排放量变化的影响因素分解研究——基于改进的Kaya等式与LMDI分解法. 软科学, 2010 (12)

[140] 赵弘. 总部经济对我国知识经济发展的推动作用. 中国科技投资, 2010 (3)

[141] 赵弘. 总部经济与总部统计初探. 数据, 2009 (3)

[142] 赵弘, 张静华. 以总部经济模式推动沿海地区制造业转型升级研究. 宁波大学学报(人文科学版), 2012 (1)

[143] 赵敏, 张卫国, 俞立中. 上海市能源消费碳排放分析. 环境科学研究, 2009 (8)

[144] 赵伟, 马瑞永. 中国区域金融增长的差异——基于泰尔指数的测度. 经济地理, 2006 (1)

[145] 赵雲泰, 黄贤金, 钟太洋等. 1999~2007年中国能源消费碳排放强度空间演变特征. 环境科学, 2011 (11)

[146] 中国科学院可持续发展战略研究组. 2009中国可持续发展战略报告. 北京: 科学出版社, 2009

[147] 中国人民大学区域与城市经济研究所课题组，孙久文，彭芳梅等．长三角地区能源消费与经济增长的实证分析——基于协整分析和状态空间模型的估计．江淮论坛，2010（4）

[148] 钟太洋，黄贤金，韩立等．资源环境领域脱钩分析研究进展．自然资源学报，2010（8）

[149] 朱文彬，贾绍凤，吕爱锋等．柴达木盆地植被覆盖度的分析与模拟——空间自相关方法的运用（英文）. Journal of Geographical Sciences，2012（2）

[150] 朱永彬，王铮，庞丽等．基于经济模拟的中国能源消费与碳排放高峰预测．地理学报，2009（8）

[151] 朱玉红．企业财务目标：利益相关者利益最大化——基于博弈均衡理论视角．财会通讯，2009（3）

[152] 庄贵阳．中国经济低碳发展的途径与潜力分析．国际技术经济研究，2005（3）

[153] 国务院发展研究中心发展战略和区域经济研究部课题组．中国区域科学发展研究．北京：中国发展出版社，2004

[154] 刘卫东，张雷，王礼茂等，我国低碳经济发展框架与科学基础：实现 2020 年单位 GDP 碳排放降低 40% ~45% 的路径研究．北京：商务印书馆，2010

[155] 李伟，人民日报 . 2014 - 4 - 22

[156] 刘世锦，负面清单准入制意义深远．北京日报，2014 - 3 - 10

[157] 李国强，中国特色新型智库“特在哪里新在何处”．中国经济时报 . 2014 - 6 - 4

后记

Postscript

本书依托2013年度国务院发展研究中心青年招标课题而完成，在此，特别感谢中心领导李伟主任、刘世锦副主任、韩俊副主任、张军扩副主任、张来明副主任，党组成员、办公厅隆国强主任以及各位专家在开题和结题会上的中肯建议；衷心感谢课题顾问隆国强主任、高世楫所长的悉心指点；感谢信息中心领导高世楫主任（原）、程国强主任（原）、赵树凯主任、张鸿副主任、侯卫宁副主任等的殷切关怀和同事们的热情帮助；感谢科研处、财务处对课题的倾力资助；感谢中国发展出版社对书籍出版工作的莫大付出。

人生中的第一部专著，作为厚礼特此送给我亲爱的父母武振平、孙亚美，父母养育之恩终生难忘；同时送给我敬爱的导师谷树忠老师、王礼茂老师，导师栽培之恩涌泉难报。鉴于本人所学有限，不当之处敬请批评指正，欢迎到 wuhonggirl@163. com 留下您的低碳印记。

淡泊明志，宁静致远，是我们追求的最高学术境界；脚踏实地、努力创新，应成为青年学者的工作常态。希望本书能够抛砖引玉，为资源与环境领域的研究贡献更多更好的思路，为实现“生态文明、绿色发展”的美丽中国梦尽献微薄之力。

武红

2014 年 7 月